筑波大学附属小学校教諭 盛山 隆雄
元筑波大学附属小学校教諭
共愛学園前橋国際大学准教授 桂 聖

5・6・7
歳向け

はじめての がっこう せいかつ クイズきょうかしょ

しんごう ちかちか

JN211982

実務教育出版

安心・安全な小学校生活のスタートを

筑波大学附属小学校教諭　盛山隆雄
共愛学園前橋国際大学准教授
元筑波大学附属小学校教諭　桂　聖

小学一年生は、初めての学校生活。お子さんも保護者の方も緊張しますよね。

入学前のお子さんの場合、

●友達ができるだろうか？

●担任の先生は、どんな人かな？

などが心配。

親の場合、

●先生の話をしっかり聞けるだろうか？

●給食を残していないだろうか？

●他の子におくれていないだろうか？

など、お子さん以上に様々な細かいことが心配ですよね。お子さんよりも、小学校生活を知っているので、余計に不安に

なります。

では、入学前の小学校生活の不安をどうやって取り除けばいいのでしょうか。それは「お子さんが学校生活のルールやマナーを事前にわかっておくこと」です。

たとえば、お子さんが「安全な登下校の仕方」「授業での参加の仕方」「友達や先生との関わり方」を事前にわかっていれば、もちろん取り組み方が変わります。さらに、取り組み方がよくなることで、学校生活のキーマンである友達や先生に信頼されます。その後の学校生活が楽しく充実していくことでしょう。

ただし、保護者の方がすべての「学校生活のルールやマナー」を事前にお子さんに教えることは難しいです。

たとえば、

「ノートは、ていねいな字で書こうね」

「体操服は、早く着替えようね」

「先生には『バイバイ』ではなくて、『さようなら』と言おうね」

といったことは、どうしても「問題が起きてからの指導」(事後指導)になってしまいます。

しかも、保護者の方がお子さんに、こんな細かいことをいちいち言うと、そのうち、お互いがいらいらしてしまうことになるでしょう。精神衛生上、よくありませんよね。

そこで本書では「学校生活のルールやマナーをクイズ形式で楽しく学べる」ようにしました。

クイズでは、図1のように「どちらかの行動を選ぶ場面」が出てきます。

そして、ページをめくると、図2のように「望ましい行動の場面」が表れます。加えて、キャラクターが「望ましい行動の価値」を簡単に説明してくれます。

また、このクイズは、

「①起床後 ②登校 ③朝の教室 ④授業 ⑤休み時間 ⑥友達との関わり方 ⑦係や当番の仕事 ⑧お世話になる人 ⑨給食 ⑩下校 ⑪帰宅後」

のように、学校生活を中心にして、1日のすべてのルールやマナーを楽しく学べるようにしています。

本書を活用することで、学校生活での問題が起きてから「○○はダメ！」という叱る指導ではなくて、「すごい。進んで○○をしたんだね」というほめる指導に変えることができます。お子さんも保護者の方も、ご家庭で気持ちよく過ごすことができますよね。

お子さんと一緒に楽しくクイズに挑戦しながら、学校生活のルールやマナーを学んでください。

図1

あさ、いえで　やる　ことは？
あさ、どう　やって　おきる？
あ
よし、きょうも　いちにち　がんばろう。
どっちかな？
い
おきなさい。ちこくするわよ。
わかった。おきるよ～
7

図2

おすすめは、あ！
ねる　ときに、じぶんで　なんじに　おきるか　きめて、めざましどけいを　セットし、あさ、じぶんで　おきると　きもちが　いいよ。
よく　じぶんで　おきたわね。
よし、じぶんで　おきられたぞ。さあ、きょうも　いちにち　がんばろう！
8

もくじ

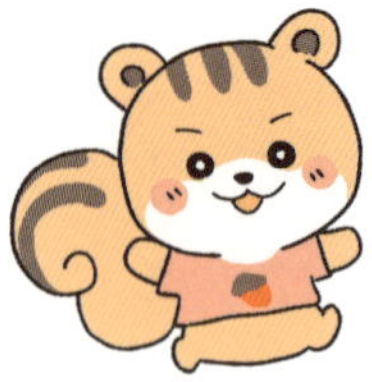

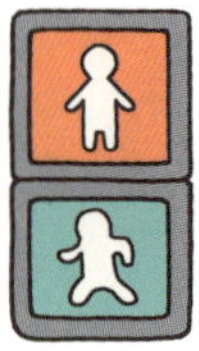

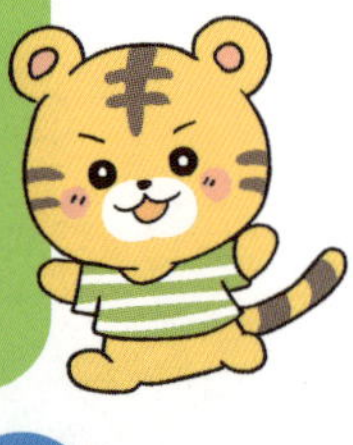

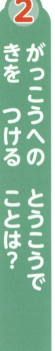

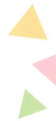

装丁／西垂水敦・岸恵里香（krran）
カバー・本文イラスト／まりな
本文デザイン・DTP／草水美鶴

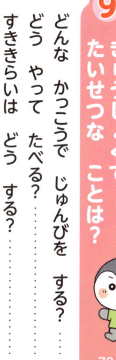

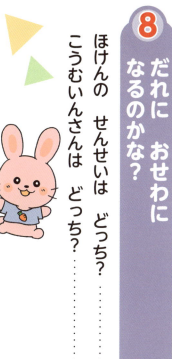

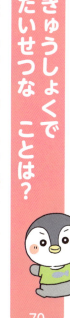

1

あさ、いえで やる ことは？

あさ、どう　やって　おきる？

どっちかな？

あ
よし、きょうも　いちにち
がんばろう。

い
おきなさい。
ちこくするわよ。
わかった。
おきるよ～

おすすめは、あ！

ねる　ときに、
じぶんで　なんじに
おきるか　きめて、
めざましどけいを　セット《せっと》し、
あさ、じぶんで　おきると
きもちが　いいよ。

よし、じぶんで　おきられたぞ。さあ、きょうも　いちにち　がんばろう！
よく　じぶんで　おきたわね。

あさごはんは　どう　して　いる？

あ

めんどうだな。
おなかも　すかないし、
きょうは　たべないでも
だいじょうぶ！

い

あさごはんは
おいしいなあ。
たくさん　たべて
げんきを　だすぞ。

どっちかな？

おすすめは、い！

がっこうで、げんきに あそび、じゅぎょうに しゅうちゅうするには、エネルギー《えねるぎい》が ひつようだよ。あさごはんは、とても たいせつなんだよ。

はい、わたしは、りんごの かずは 5こだと おもいます。
すごい しゅうちゅうりょくだね。あさごはんが エネルギー《えねるぎい》に なって いるからだね！

あさ、トイレ《といれ》は　どう　する？

あ

TOILET
ふー、すっきりしたー。
よし、いえを　でよう！

い

TOILET
トイレ《といれ》は
めんどうだな。
がっこうで
いけば　いいや。

どっちかな？

おすすめは、あ！

ぼくは　おなかが　すっきり。
さあ、みんな　あそぼう！
いえで　トイレ《といれ》を
すませて　くると、
あんしんして　すごせますね。

いえを　でる　まえに
かならず　トイレ《といれ》を
すませて　おこうね。
そう　すれば、きもちも
さわやかだよ。

てんきは　どうかな？

あ
きょうは　おひるから
あめが　ふるから、
かさを　もって　いこう！
うわぎも　いるかな？

どっちかな？

い
くもりだ。
よし、そとで
あそべるぞ。
ドッジボール《どっじぼおる》を
しようかな。

おすすめは、あ！

いえを　でる　まえに、
てんきよほうを
かくにんして、
もちものや　ふくそうを
ととのえよう。

てんきよほうを　みて、かさを　もって　きたんだね。えらいね！
あめが　ふるって　きいたから、かさを　もって　きて　よかった。

まとめ

あさ、いえで やる ことは？

あさは じぶんで おきよう。

おきなきゃ！
7:00

あさごはんを たべてから とうこうしよう。

ちからが わいてきた！

いえを でる まえに トイレは すませて おこう。

こちらだにゃー

いえを でる まえに てんきよほうを みよう。

あめが ふるかも

2

がっこうへの とうこうで きを　つける ことは？

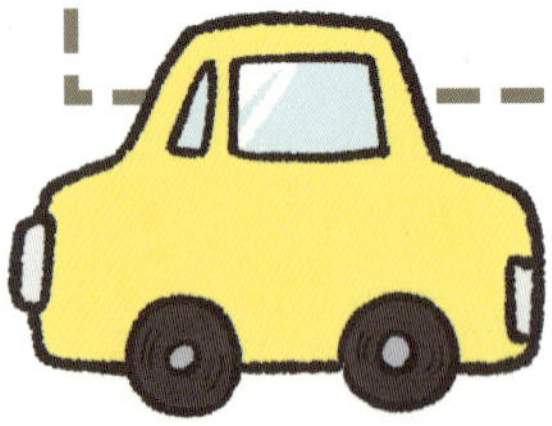

ほどうは、どこを　あるく？

あ
しろい　せんの
うえを　あるこう。

い
しろい　せんの
うちがわを　あるこう。

どっちかな？

とびだし
ちゅうい

おすすめは、い！

しろい　せんの
うちがわを　あるこう。
しろい　せんが
ない　ときは、できるだけ、
どうろの　すみを
あるこう。

おはよう　ございます！
おはよう！　しろい　せんの
うちがわを　あるいて　いるね。

あおが　ちかちか　てんめつして　いるよ。

わたる？　わたらない？

あ
あおだけど、てんめつだから、とまろう。

い
まだ　わたれるな。はやく　わたろう。

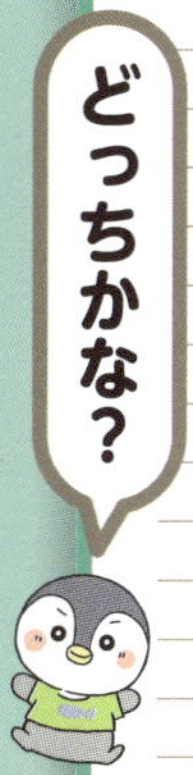
どっちかな？

おすすめは、あ！

おっ、てんめつで とまって いるね。

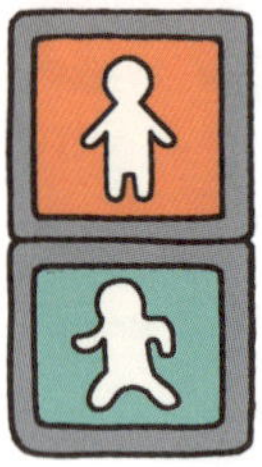

あおしんごうは、わたれる。
あかしんごうは、とまれ。
じつは、あおしんごうの
てんめつも、わたっては
いけないよ。
もう　わたって　いる　ときは、
さっさと　わたるか、
ひきかえそう。

まとめ

がっこうへの　とうこうで
きを　つける　ことは？

ほどうは　しろい　せんの
うちがわを　あるこう。

あぶないわん！

あおの　てんめつも　わたっては　いけないよ。

わたるなよー

3

あさ、きょうしつで　する　ことは？

あいさつは　どっち？

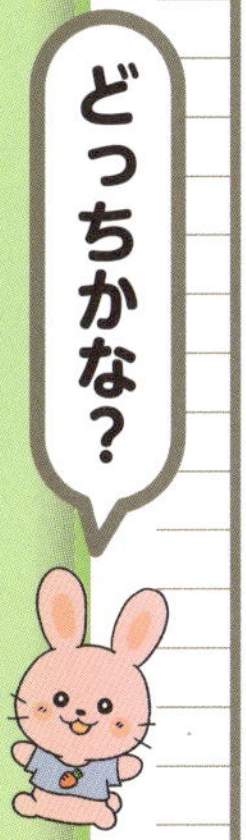
どっちかな？

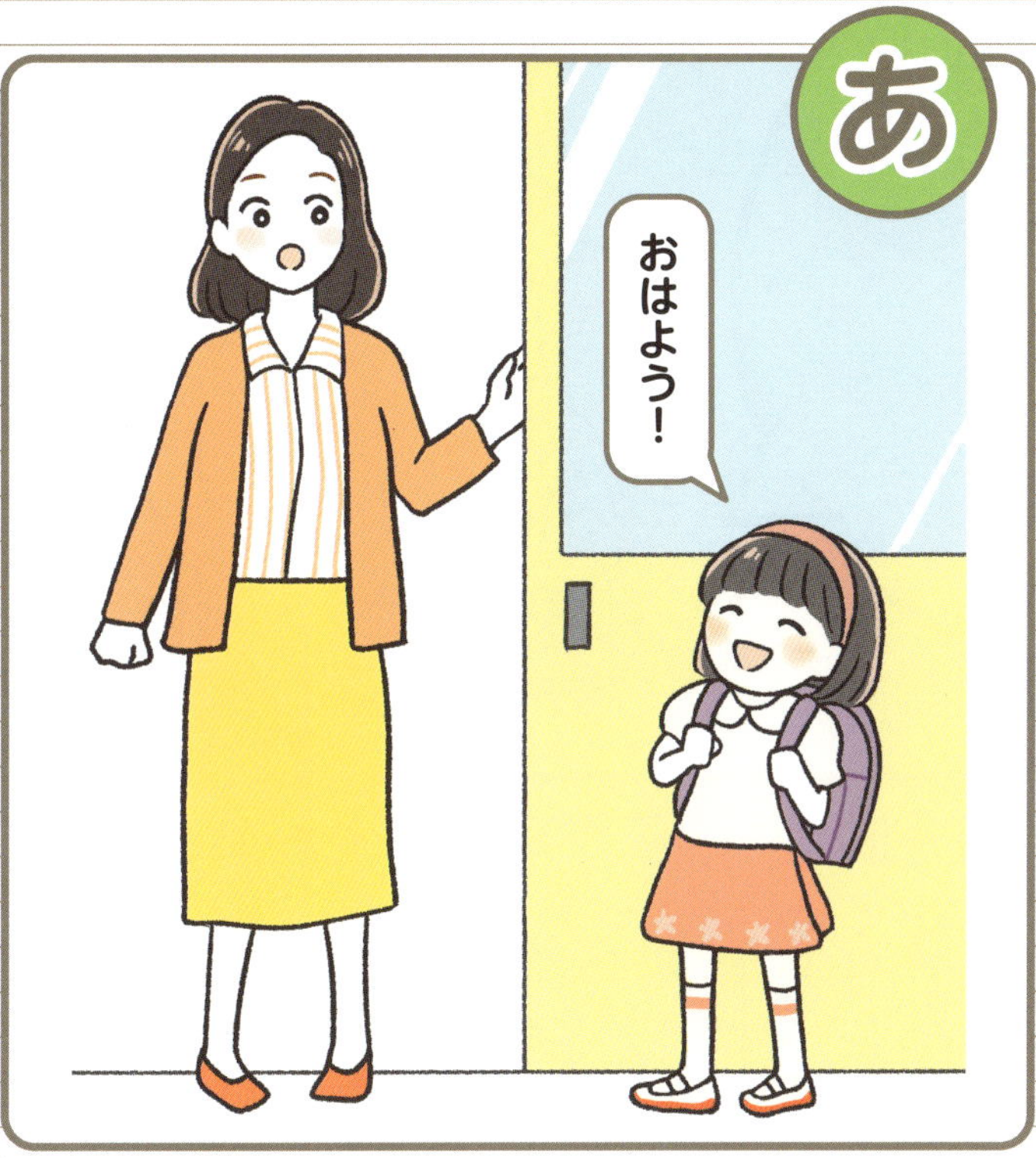
あ
おはよう！

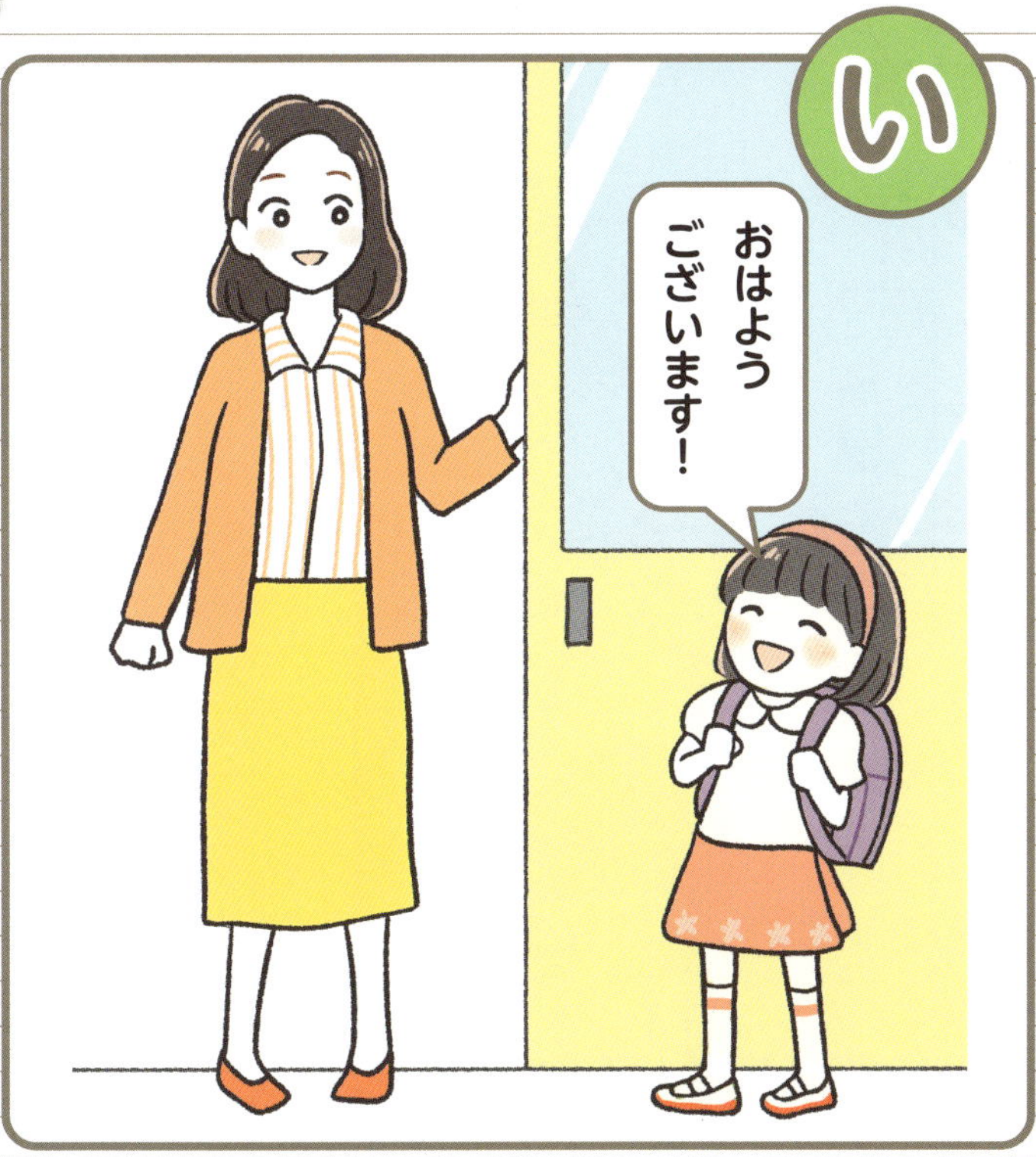
い
おはよう
ございます！

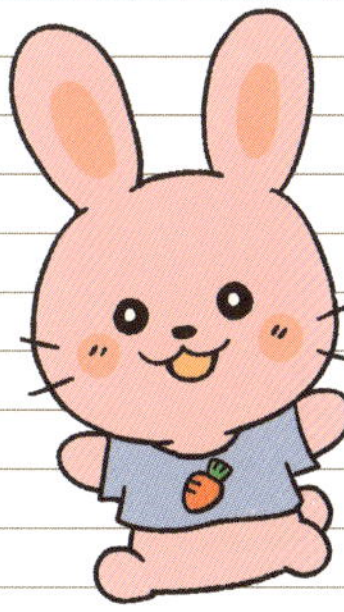

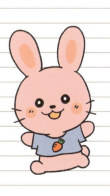

おすすめは、い！

せんせいなどの
めうえの　ひとには、
ていねいな　ことばで
あいさつを　するよ。

おはよう　ございます！
おはよう！　ていねいな　ことばで　あいさつが　できるね。

あさの　したくは　どっち？

あ

じゅぎょうの　どうぐを
つくえの　ひきだしに
いれよう。

い

ランドセル《らんどせる》を　つくえの
うえに　おいて　おこう。

どっちかな？

おすすめは、あ！

あさ、きょうしつに
はいったら、ふでばこ、
きょうかしょ、ノート《のおと》などの
じゅぎょうの　どうぐを
つくえの　ひきだしに
いれよう。ランドセル《らんどせる》も、
ロッカー《ろっかあ》などの
おきばしょに　かたづけよう。

せんせい、じゅんびが　おわりました。
あさの　したくが　さっさと　できたね。

こくご
さんすう
123

まとめ

あさ きょうしつで する ことは？

せんせいには、ていねいな ことばで あいさつしよう。

おはよう ございます！

どうぐを つくえの ひきだしに いれよう。

まだやるにゃ？
はしを そろえなきゃ！

4

じゅぎょうで たいせつな　ことは？

こまって　いる　ことを　はっぴょうする？

あ

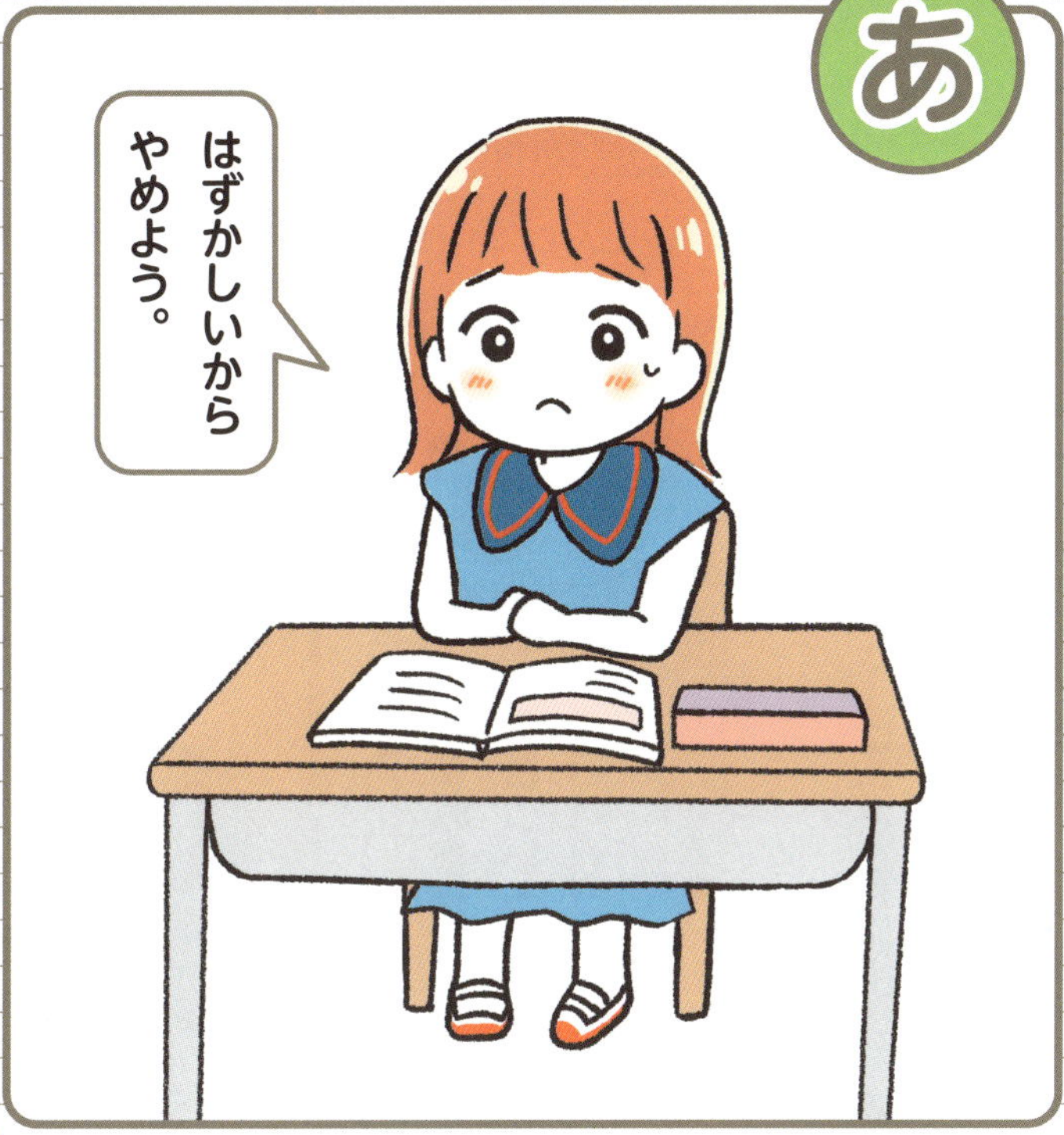
はずかしいから
やめよう。

い

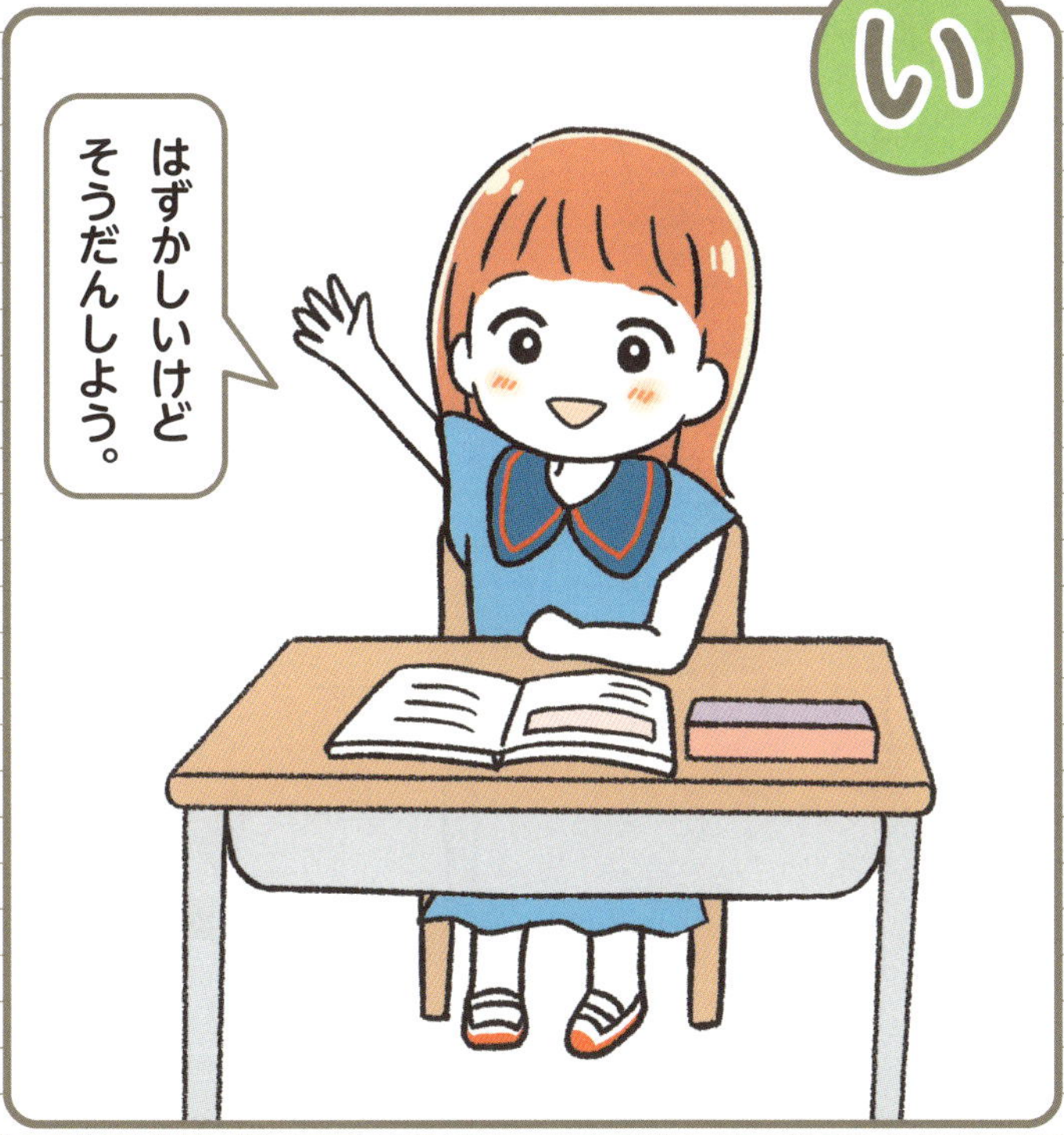
はずかしいけど
そうだんしよう。

どっちかな？

◎

△

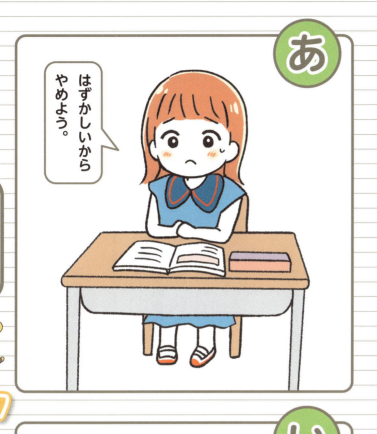

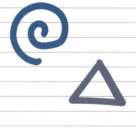

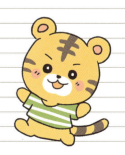

おすすめは、い！

はっぴょうは、ただしい
ことだけでは　ないよ。
こまった　ことを
はなす　ことも
だいじな
はっぴょうだよ。

すみません。
どういう　いみですか？
いい　しつもん　ですね。
だいじょうぶだよ。

うなずきながら　はなしを　きく？

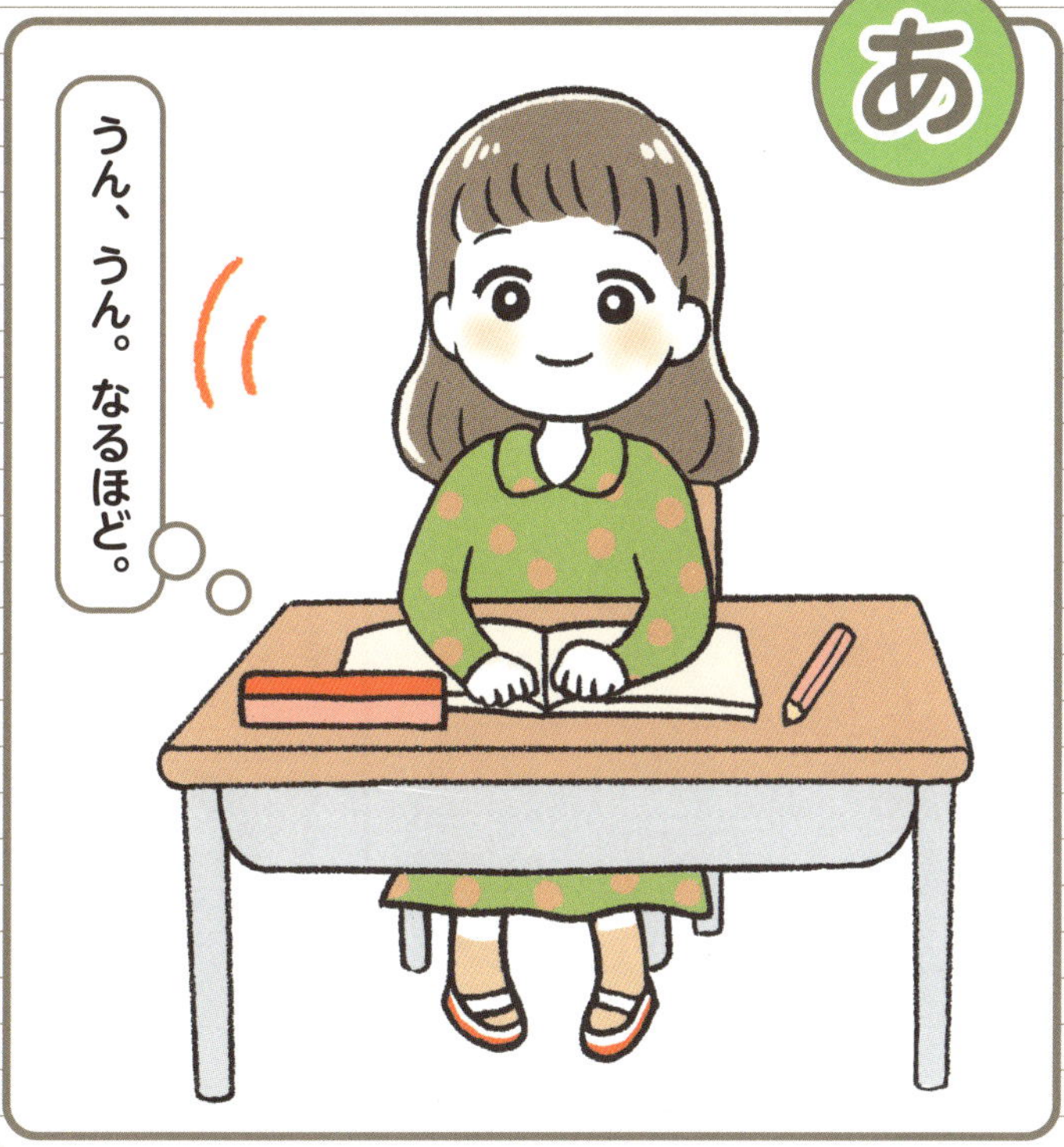
あ
うん、うん。なるほど。

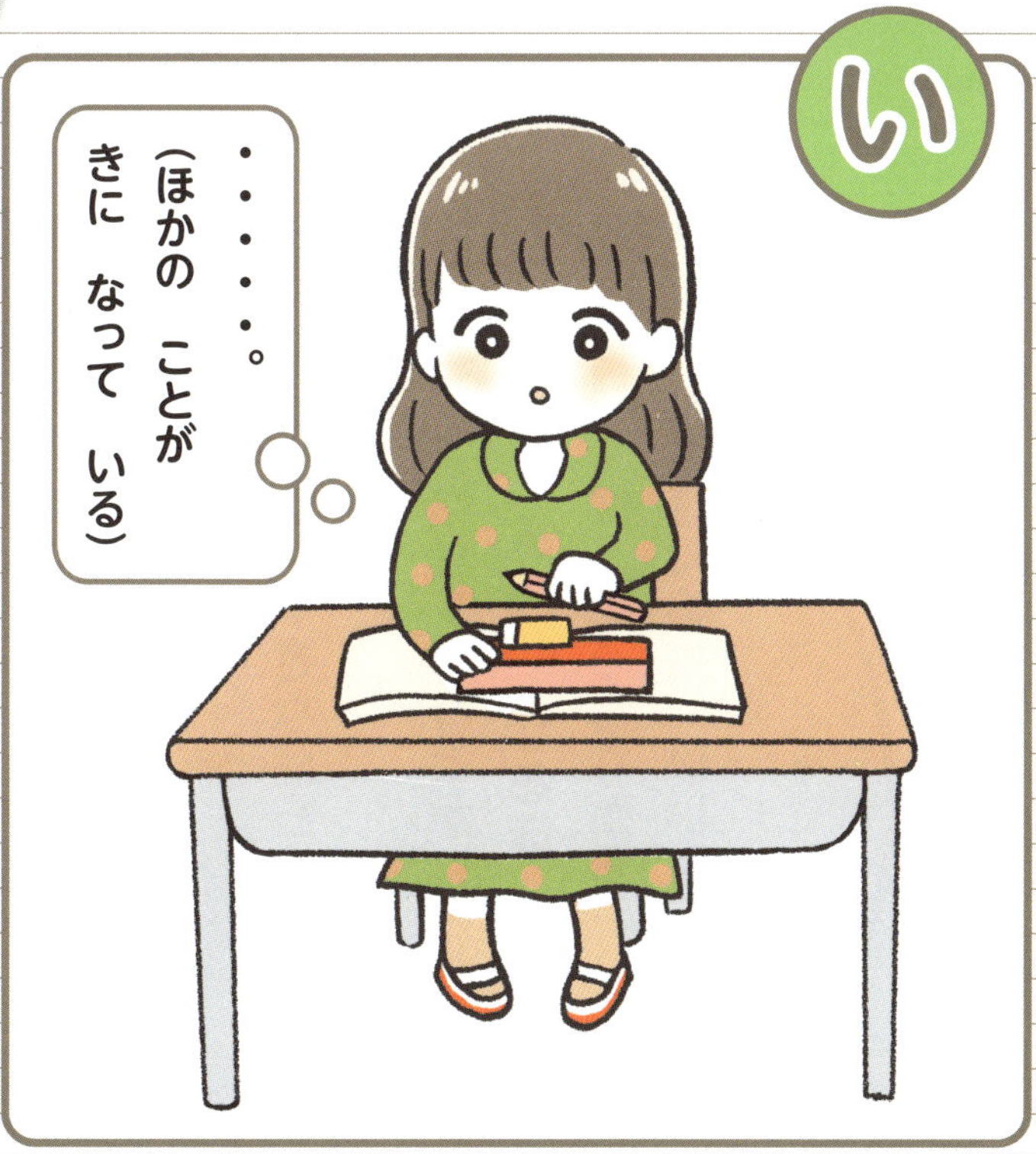
い
・・・・・。
（ほかの　ことが
きに　なって　いる）

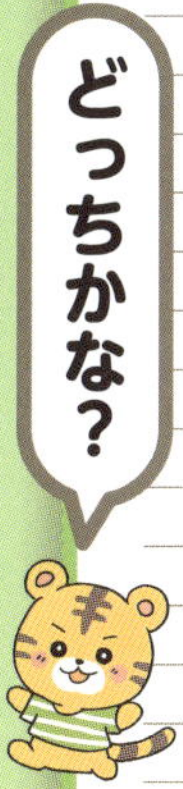
どっちかな？

おすすめは、あ！

うん、うん。なるほど。
しっかり　きいて　くれて　いるな。

うなずきながら　はなしを
きくと、
はなす　ひとが　うれしいよ。
「ああ。」「なるほど。」など、
はんのうしながら
きくのも　いいよ。

ノート《のおと》は、はやく　かく？

どっちかな？

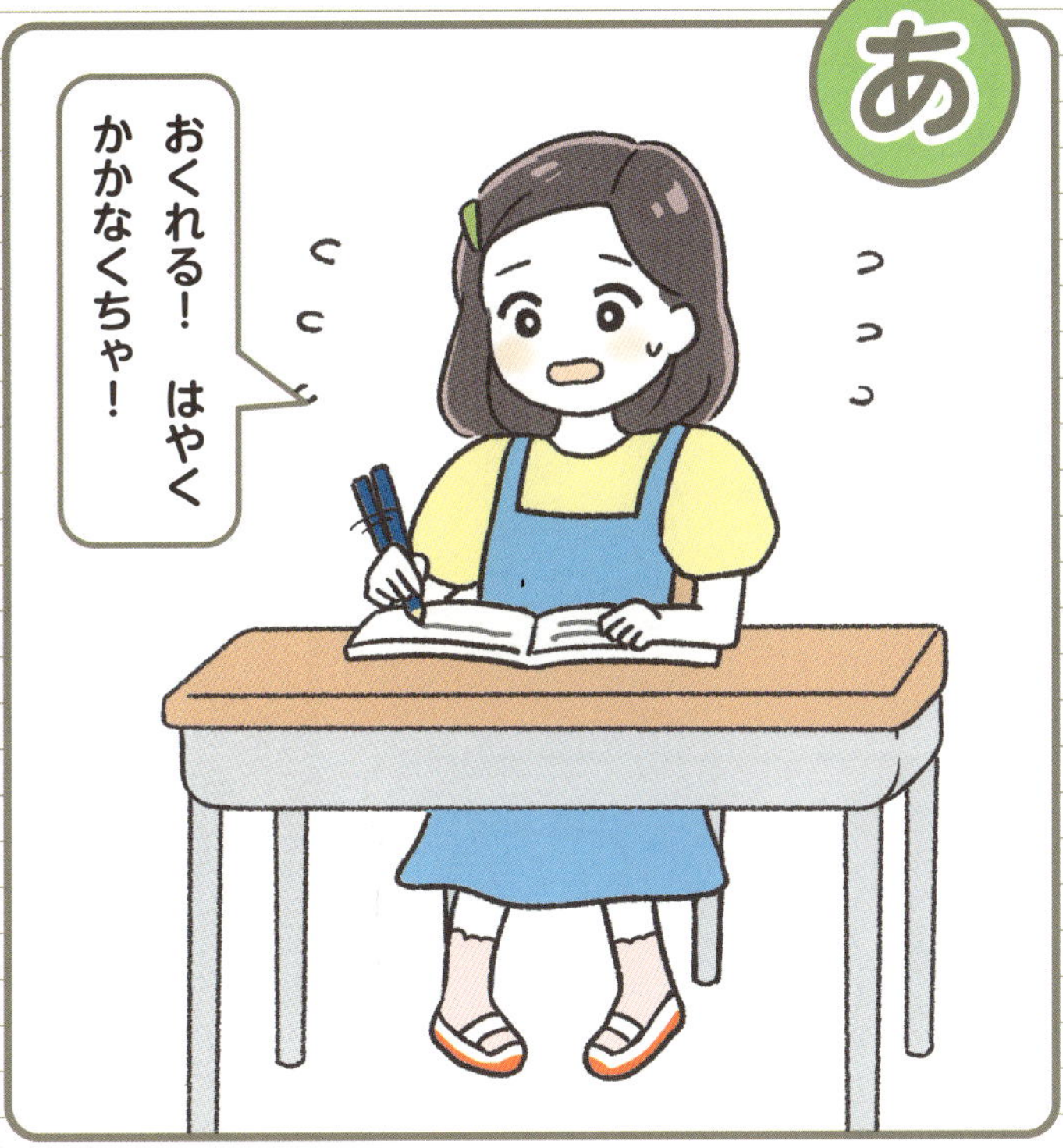
あ
おくれる！　はやく
かかなくちゃ！

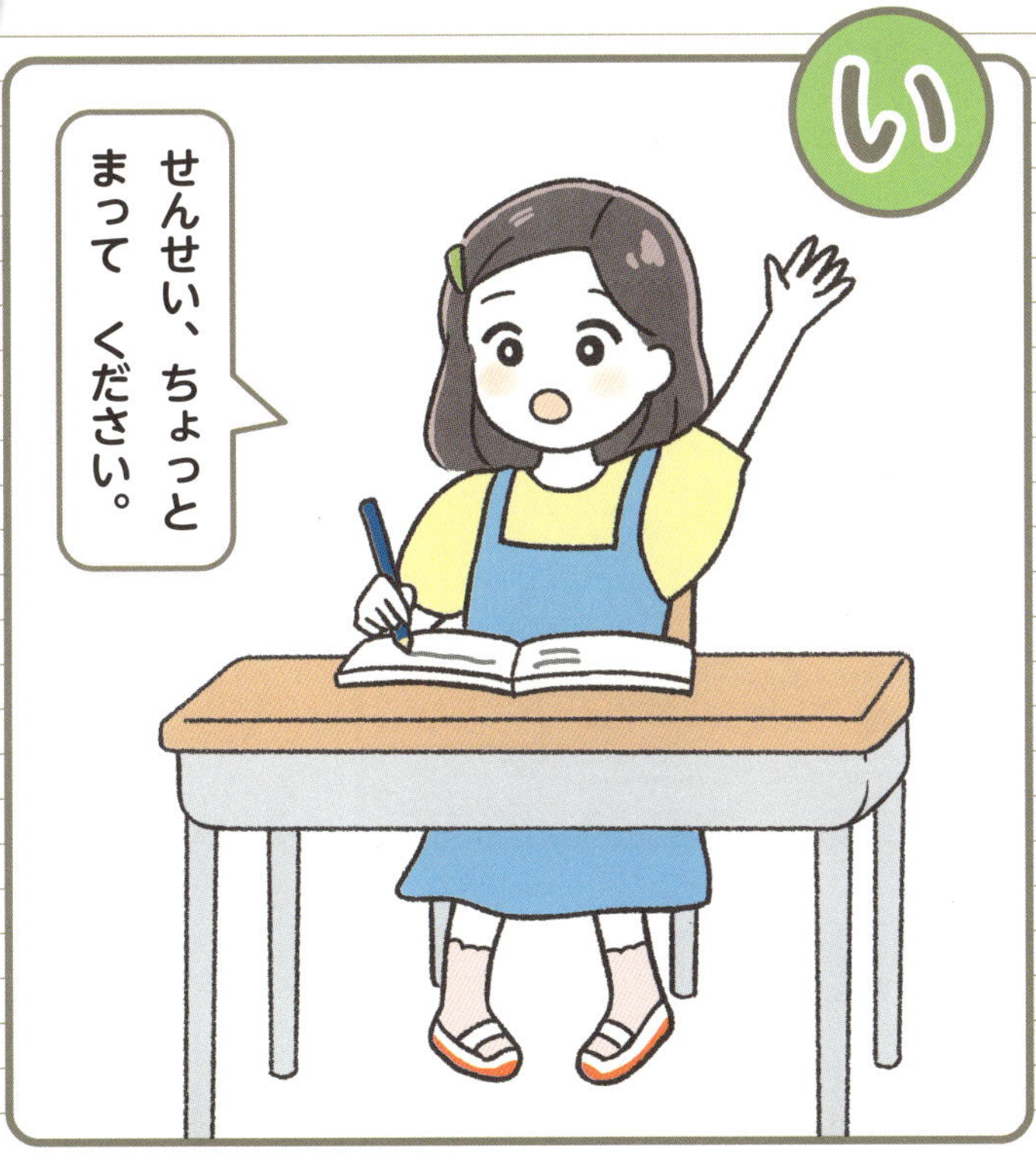
い
せんせい、ちょっと
まって　ください。

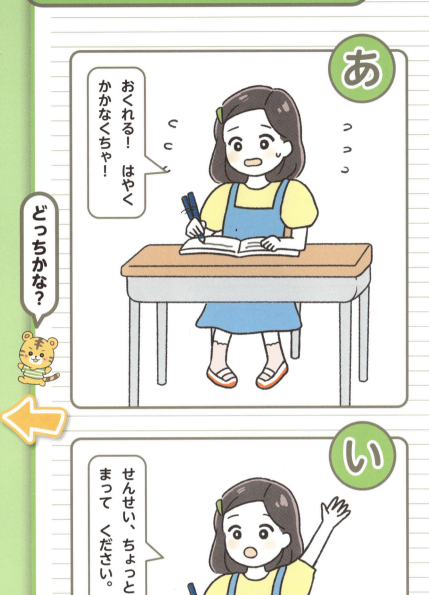

おすすめは、い！

ノート《のおと》は、ていねいな
じで、かこう。
おくれそうに　なったら、
せんせいに
そうだんすると　いいよ。

ノート《のおと》は、ていねいな
じで　かこうっと。
ていねいに
かいて　いるね！
すばらしい！

まとめ

じゅぎょうで たいせつな ことは？

こまって いる ことも はなして みよう。

うなずきながら はなしを きこう。

ノートは ていねいな じで かこう。

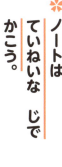

5

やすみじかんに　する　ことは？

たいそうふくは、ゆっくり　きがえる？

あ

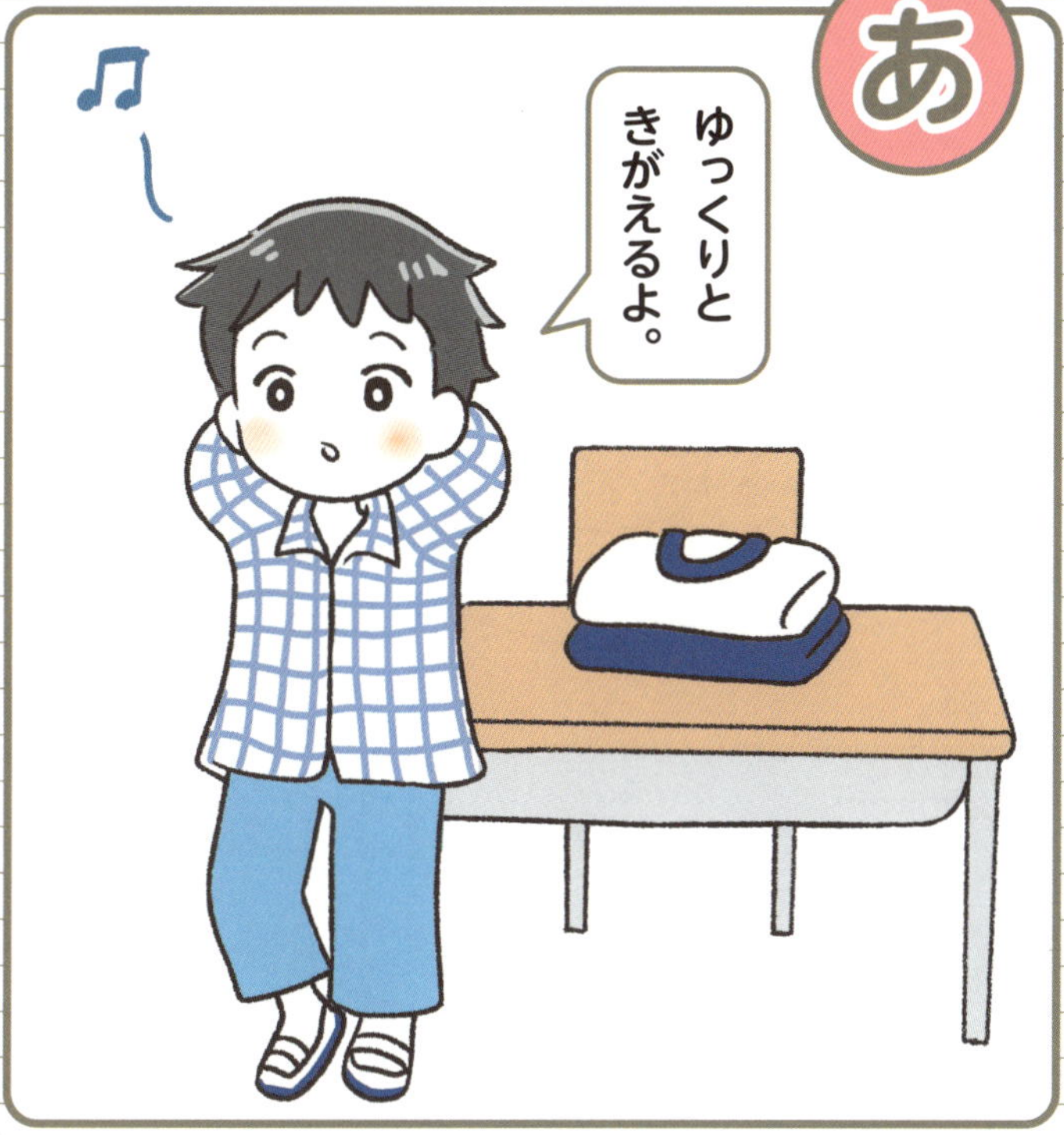
ゆっくりと
きがえるよ。

い

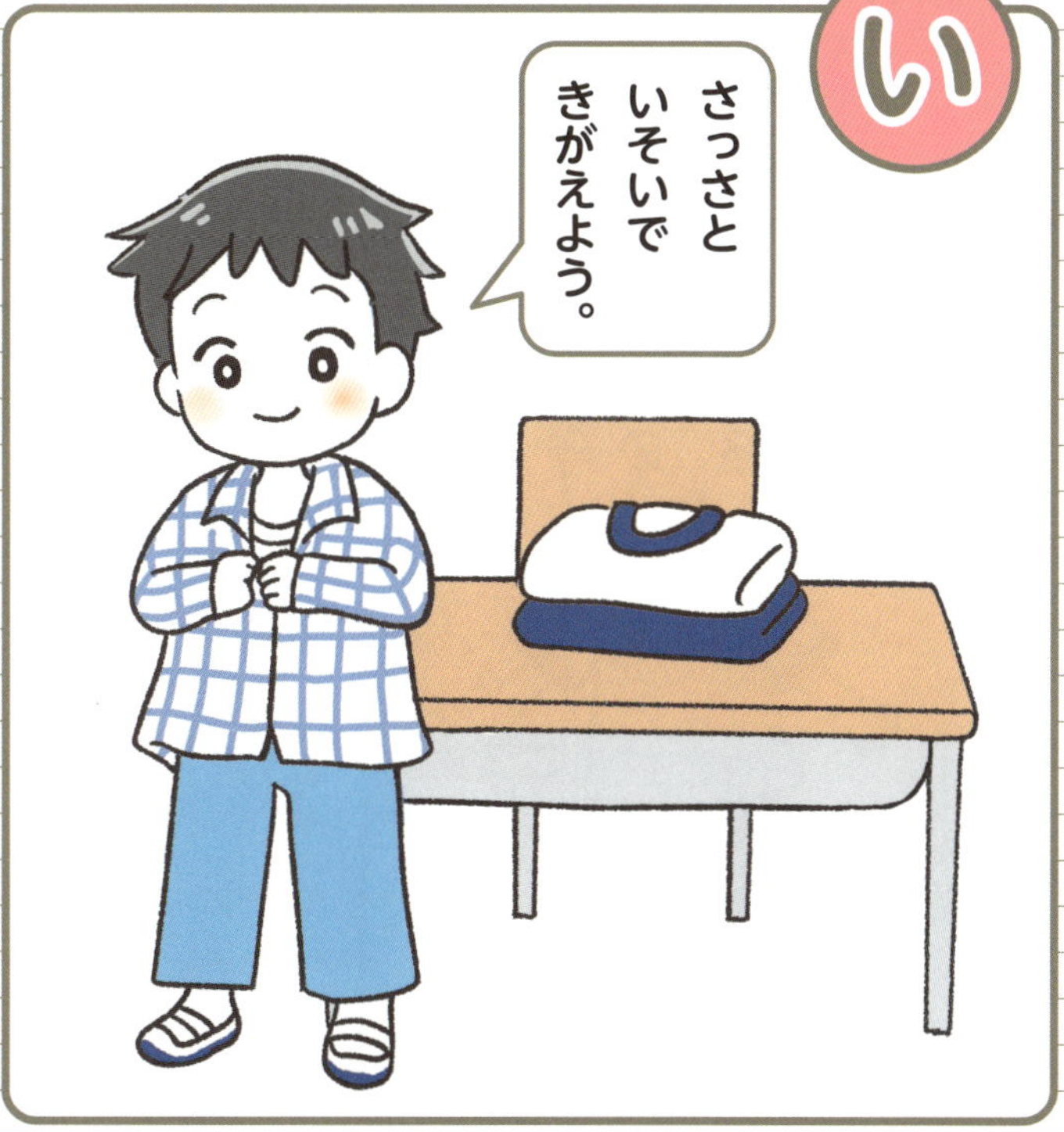
さっさと
いそいで
きがえよう。

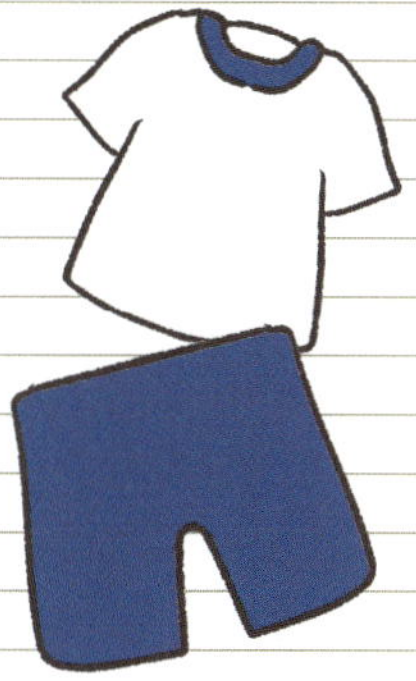

どっちかな？

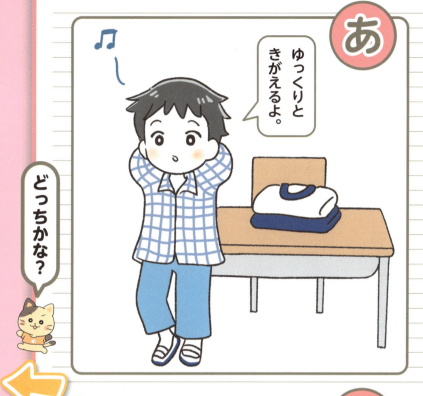

おすすめは、い！

がっこうでは、
じゅぎょうや
やすみの　じかんが
きまって　いるよ。
たいそうふくも、　さっさと
いそいで　きがえようね。

せんせい、きがえおわりました。
さっさと　きがえて　えらいね。

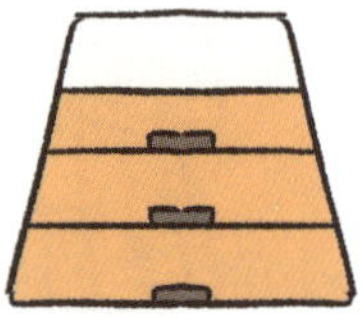

じかん　ぎりぎりで　うごく？

あ

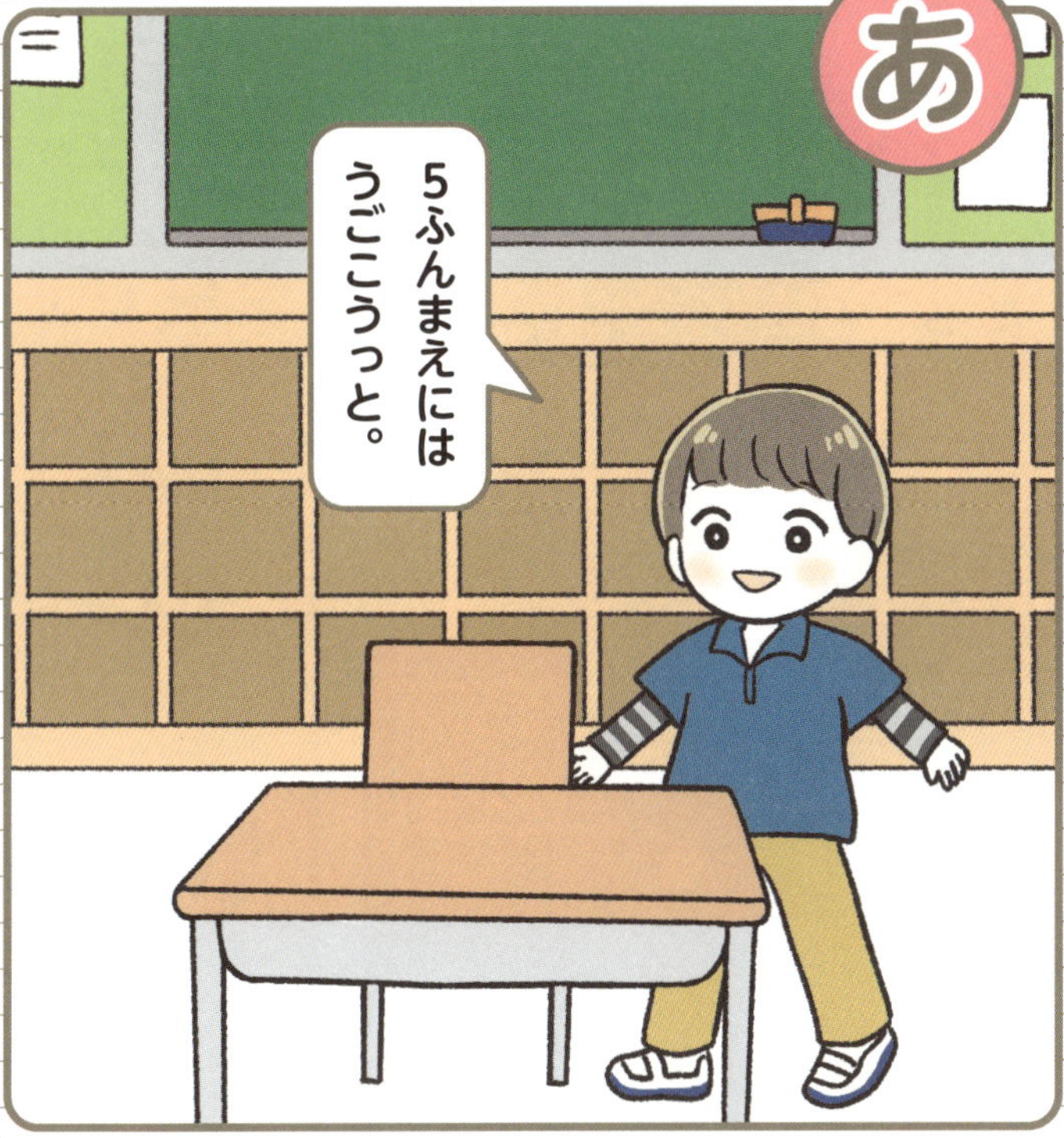
5ふんまえには
うごこうっと。

い

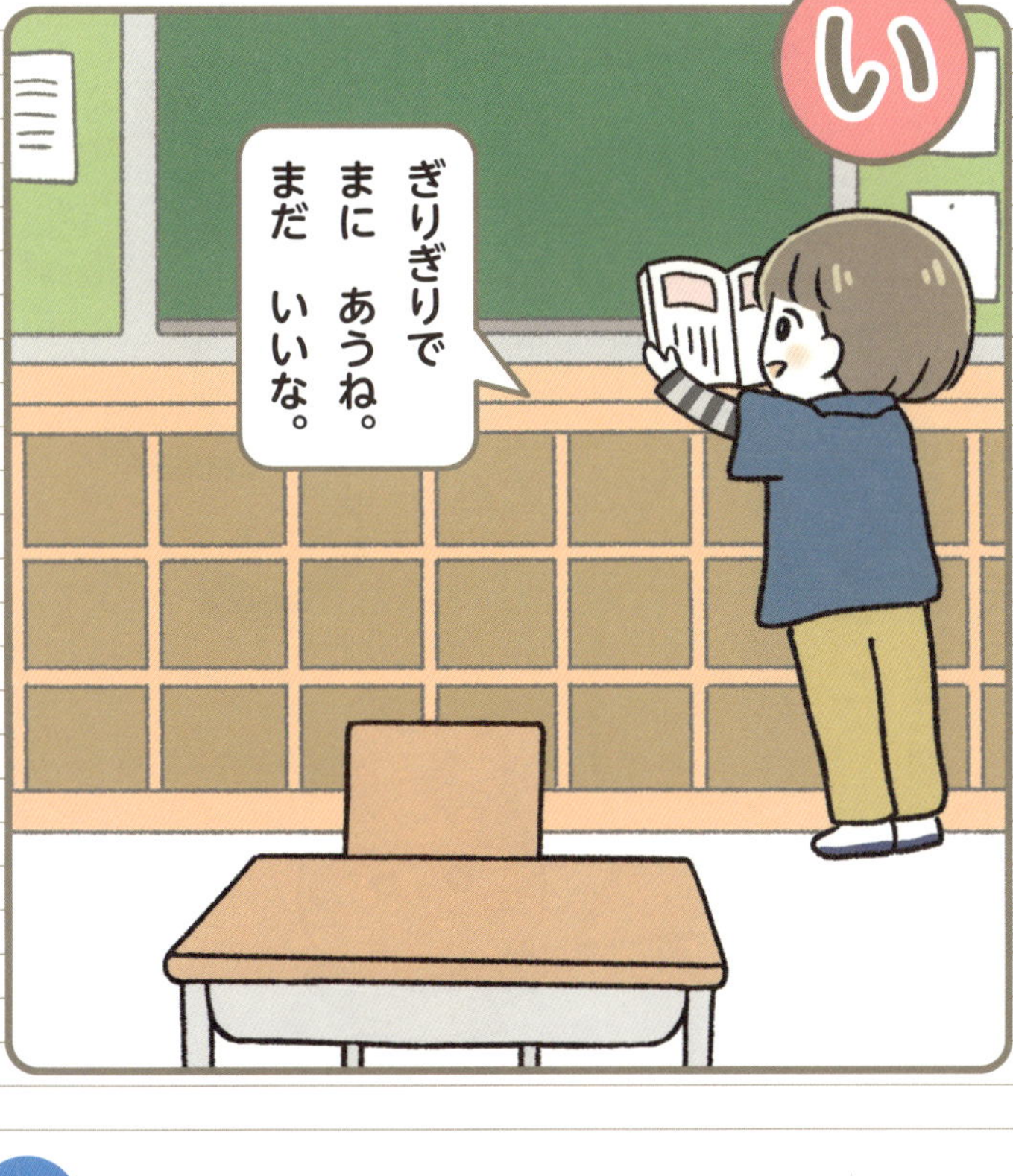
ぎりぎりで
まに　あうね。
まだ　いいな。

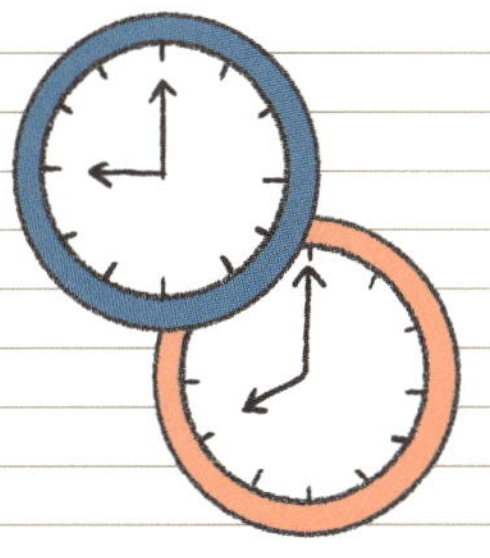

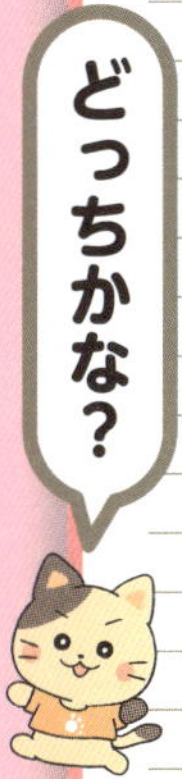
どっちかな？

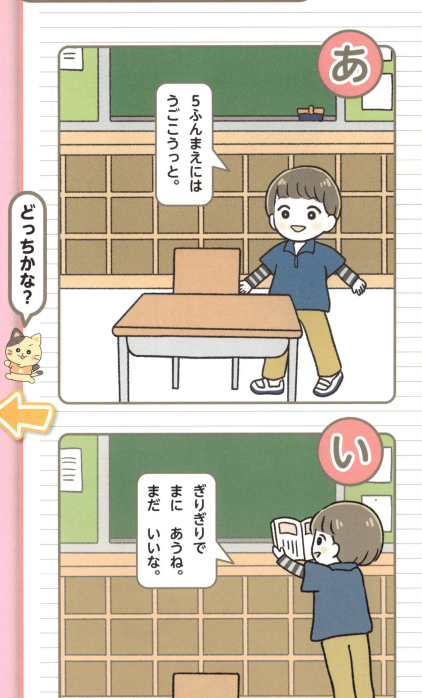

おすすめは、あ！

じゅんびが できました！
はやい！ 5ふんまえから すわって いるね。

じかん ぎりぎりで うごかないで、5ふんまえには うごこう。つぎの ことが よゆうを もって できるよ。

じゅぎょうの　どうぐの　じゅんびは？

あ
ふでばこ、きょうかしょ、ノート《のおと》を　だして　おこう。

どっちかな？

い
つくえの　うえは、なにも　ださないで　おこう。

こくご

あ、い どちらも おすすめ！

じゅぎょうの じゅんびは、さまざまな やりかたが あるよ。せんせいの しじで じゅんびしよう。

せんせいが いった とおりに じゅんびして いるね。
せんせい、じゅんびが できて います！

あいさつは　どっち？

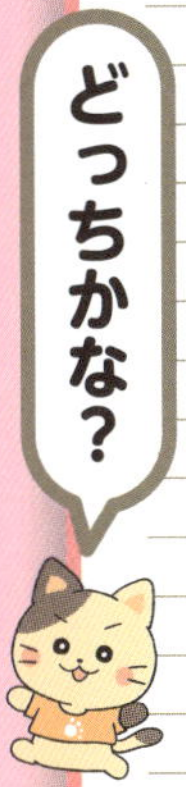
どっちかな？

あ

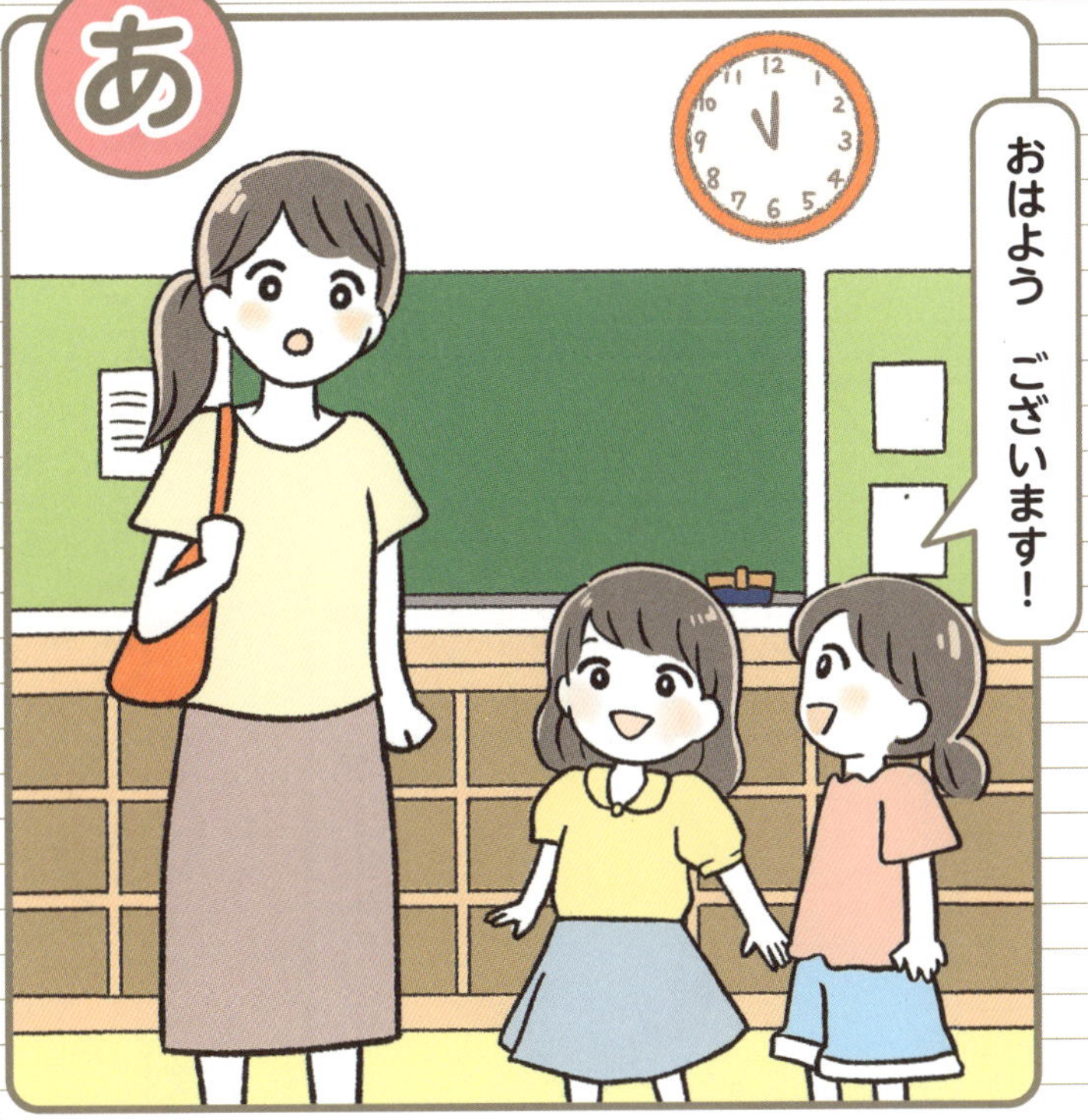
おはよう　ございます！

い

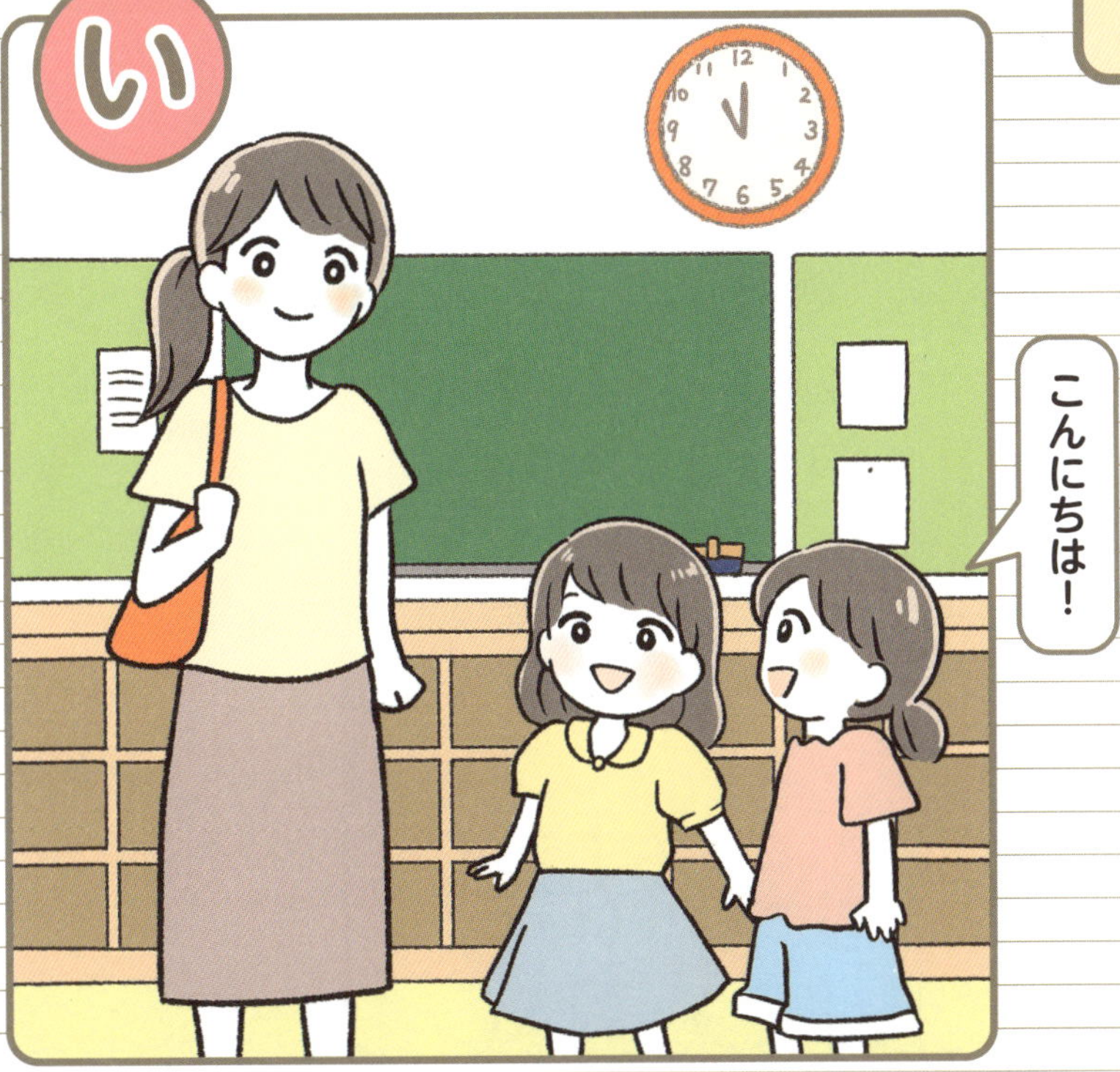
こんにちは！

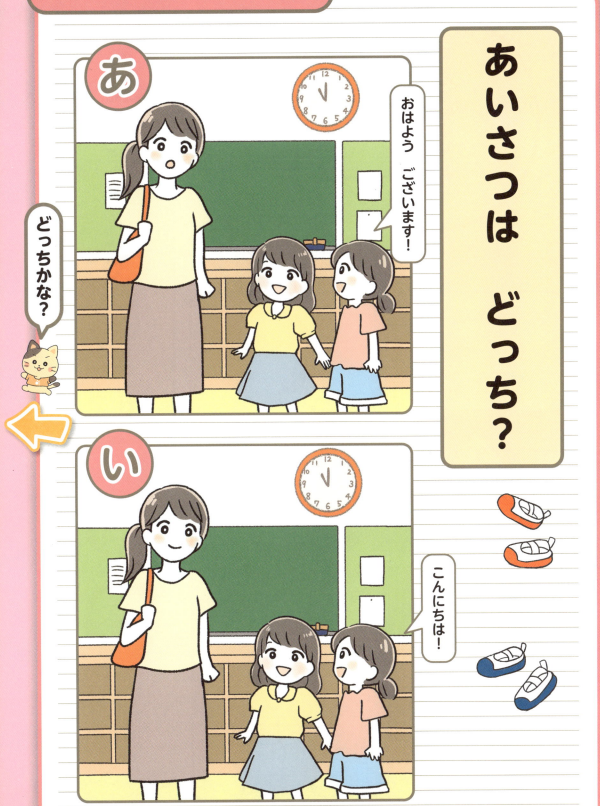

おすすめは、い！

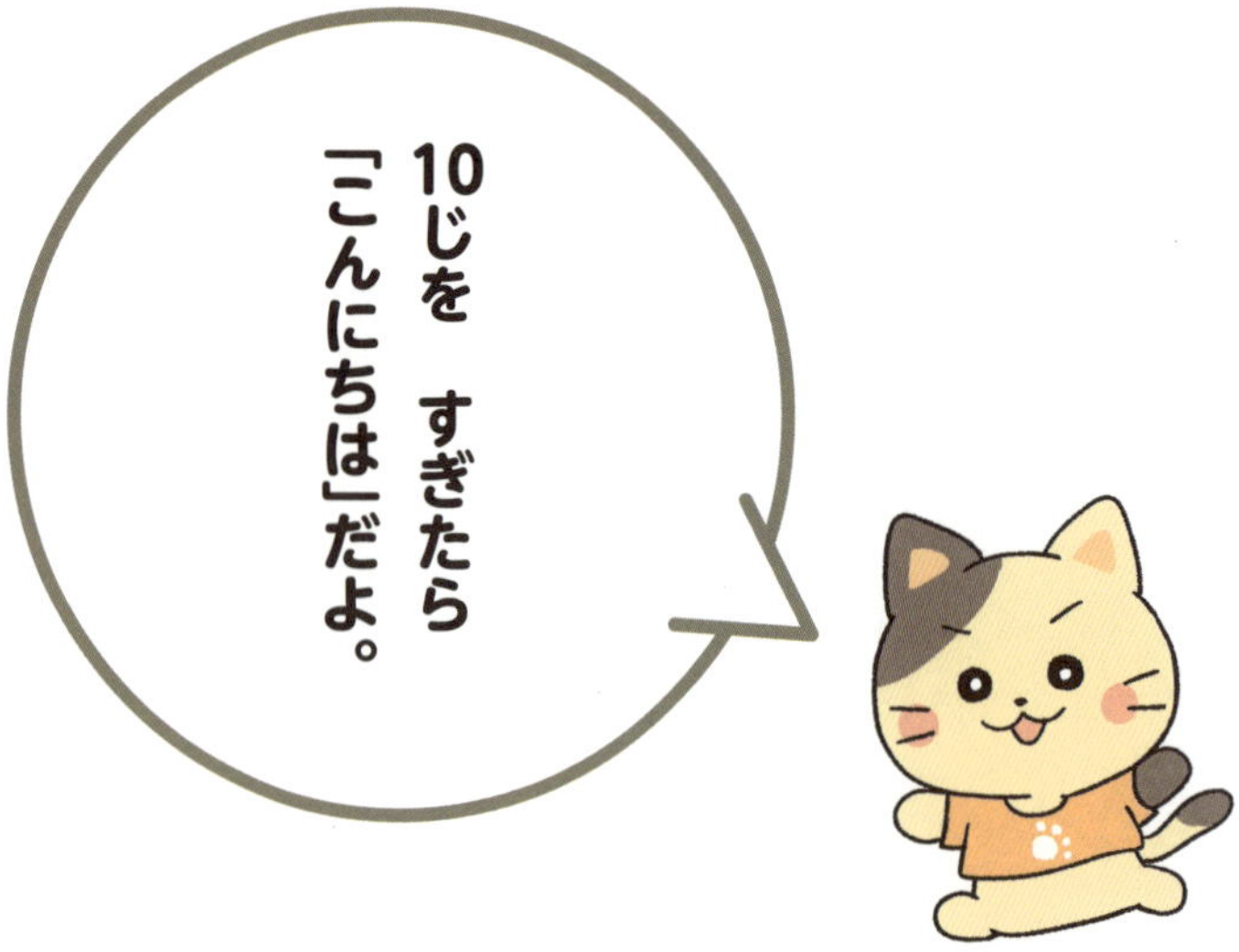
10じを　すぎたら
「こんにちは」だよ。

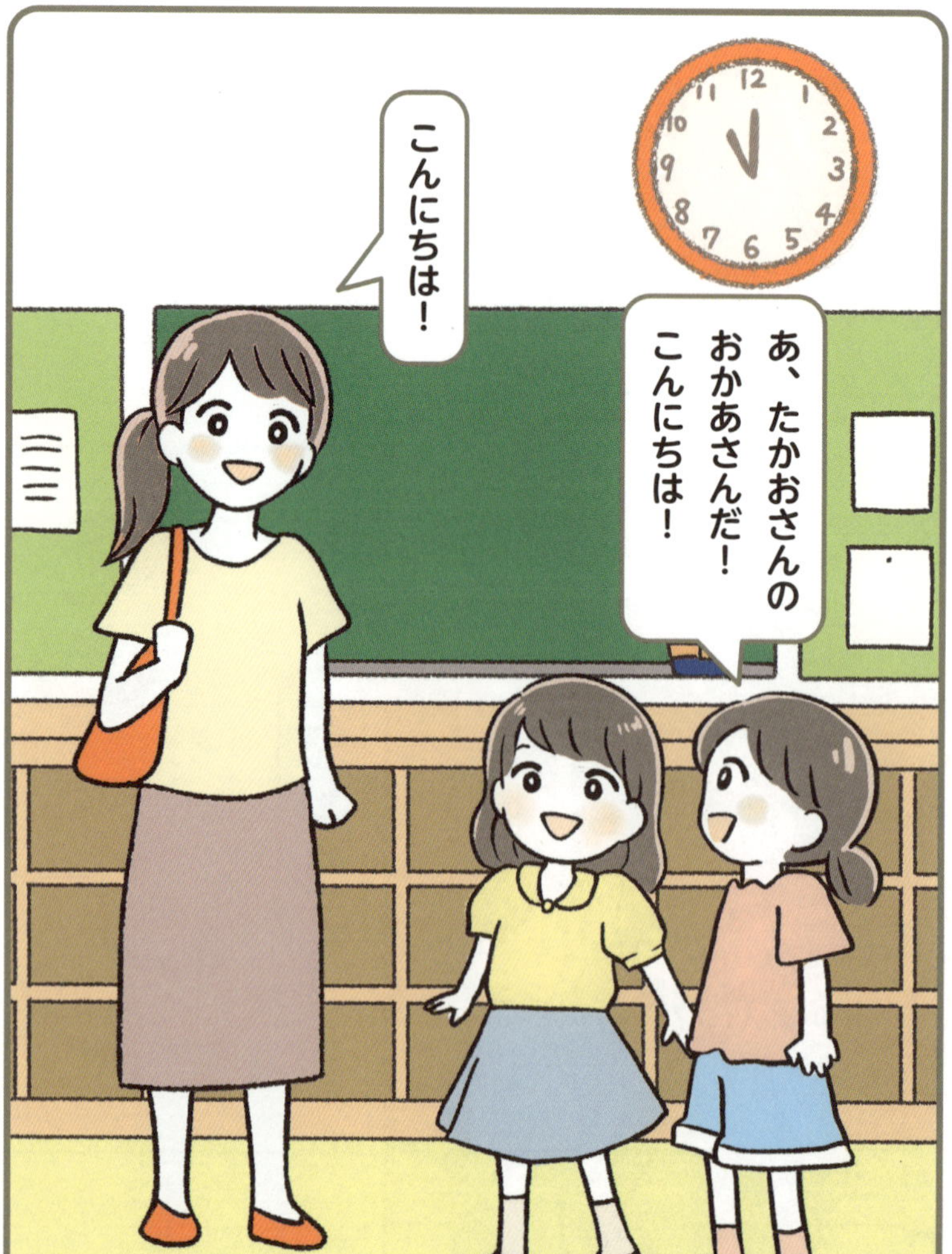
あ、たかおさんの おかあさんだ！ こんにちは！
こんにちは！

まとめ

やすみじかんに する ことは？

たいそうふくは さっさと きがえよう。

よーい どん！

5ふんまえには うごくように しよう。

すごい！
まだ10ぷんまえだけど…

せんせいの いうとおりに じゅんびしよう。

きくみみ
すごいな！

ひるまの あいさつは「こんにちは」。

こんにちは！
こんにちにゃー

6

ともだちと なかよくするには？

ともだちに　こえを　かける？

あ

こえを　かけようかな。
ことわられたら　どう　しよう。

い

ねえ、いっしょに
あそばない？

どっちかな？

おすすめは、い！

やすみじかんには、
ゆうきを　だして
ともだちに　こえを
かけて　みよう。
ともだちが　できると
うれしいよ。

いっしょに あそばない？
いいよ。おにごっこを しようか。ともだちに なろうね。
なかよく あそべて いいわね！

しんせつに　して　もらったら？

あ

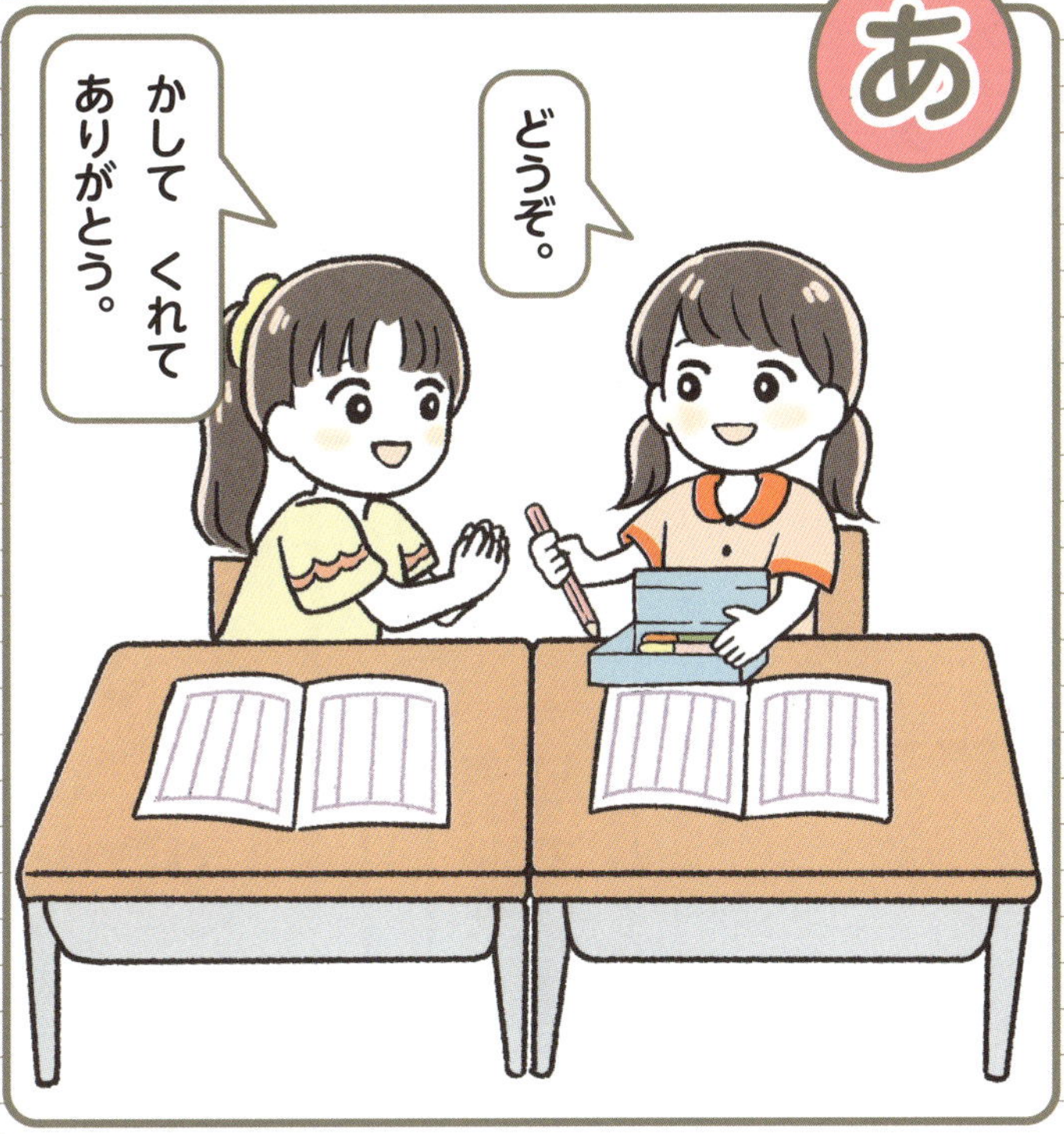
どうぞ。
かして　くれて　ありがとう。

い

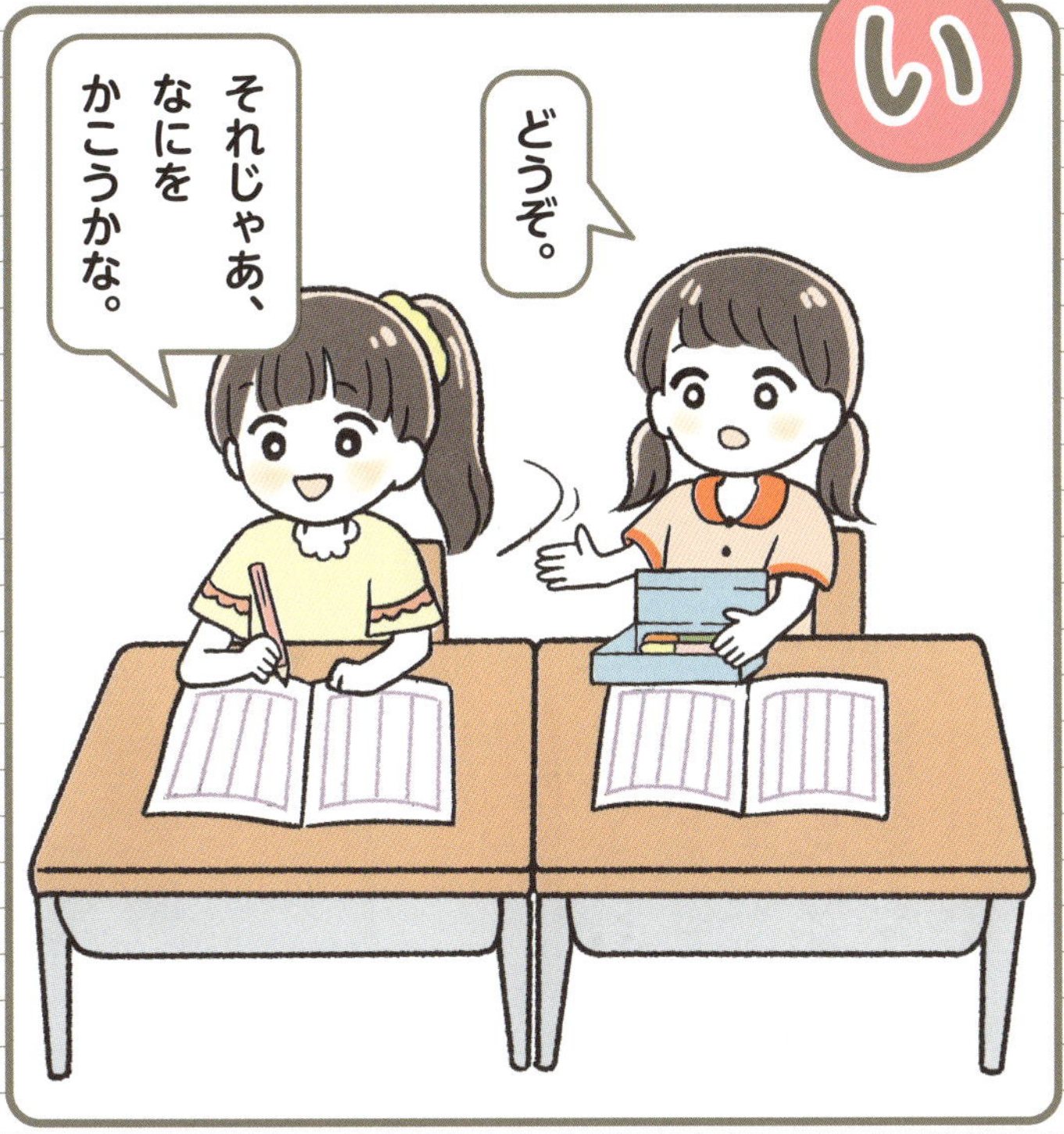
どうぞ。
それじゃあ、なにを　かこうかな。

どっちかな？

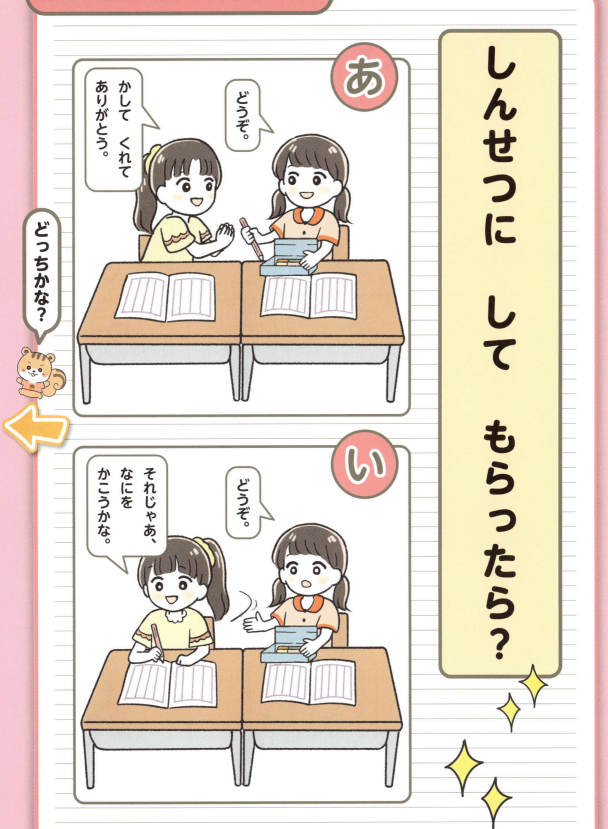

おすすめは、あ！

しんせつに　して
もらったら、かならず
「ありがとう」と
おれいを　いおうね。
そう　したら、あいても
きもちが　いいよ。

おれいを　いって　くれて　うれしいな。
こちらこそ　たすかったわ。
おれいが　いえて　えらいね。これからも　ともだちに　しんせつに　して　もらえるよ。

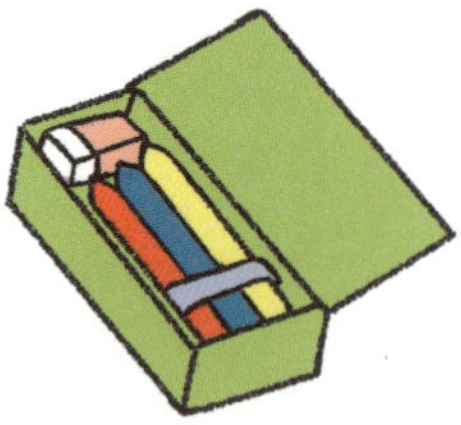

つかいたく　なったら？

あ
これ、
おもしろそうだ！
キャッチボール《きゃっちぼおる》を
したいなあ。

い
これ、ちょっと
つかって　いいかな？

どっちかな？

おすすめは、い！

この ボール《ぼおる》を
つかって いいかな？
かってに つかわないで、
つかって いいかを
きく ことが できて
えらいね。
いいよ。いっしょに
キャッチボール《きゃっちぼおる》を しようか。

さわって みたく なったり、
つかって みたく なったり
した ものが あったら、
それまで つかって いた
ひとに つかって いいか、
たずねるように しよう。

あそびで　まけた　ときは？

あ
くやしいなあ。
でも
まあ　いっか。
つぎ、がんばろう。

い
あいつ、ずるいよ。
もう　やーめた。

どっちかな？

おすすめは、あ！

ゲーム《げえむ》や　あそびで
まけた　ときに、あいての
わるくちを　いったり、
しかえしを　しようと
したり　しては　いけないよ。
いっしょに　あそんで　くれる
ことに　かんしゃして、
つぎは　がんばろうと
おもうように　しよう。

やったー。かったよ。
わるくちを　いわないで、えらいね。かつ　ときも　まける　ときも　あるから、たのしもうね。
むねおくん、つよいね。すごいなあ。よし、つぎは　がんばるよ。もう　いっかい　やらない？

まとめ

ともだちと　なかよくするには？

じぶんから
ともだちに
こえを
かけて　みよう。

あそぼ！
あそぼ！
あそぼ！

ありがとうと
おれいを
いおう。

かしてくれて
ありがとう！
お、おもい…

ともだちに　ことわってから　つかおう。

つぎかしてくれる？
いいよ！

まけても
わるくちは
いわないように
しよう。

まけたけど
わるくちはいわないぞ

7

どんな　しごとが　あるかな？

にっちょくの　しごとは　どっち？

あ

たかおさん、もっと
ていねいに　じを
かきましょう。

い

これから　さんすうの
じゅぎょうを　はじめます。
よろしく　おねがいします！

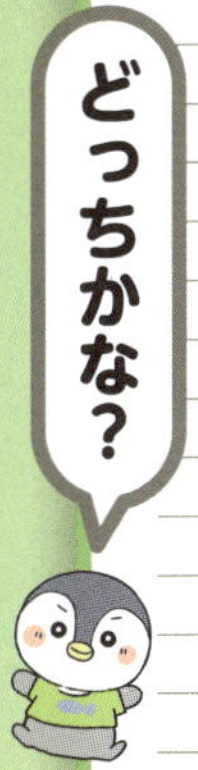
どっちかな？

さんすう
123

おすすめは、い！

にっちょくは、じゅぎょうの
ときに　はじめと　おわりの
あいさつを　するよ。
せんせいのように　ともだちを
ちゅういする　ことが
しごとでは　ないよ。
みんなで　きょうりょくして
たのしく　まなぶ　ことが
たいせつだね。

これで　さんすうの　じゅぎょうを　おわります。　ありがとう　ございました。
ありがとう　ございました。
げんきに　あいさつが　できて、にっちょくさん、えらいですね！

さんすう
123

ぞうきんの　しぼりかたは　どっち？

どっちかな？

あ

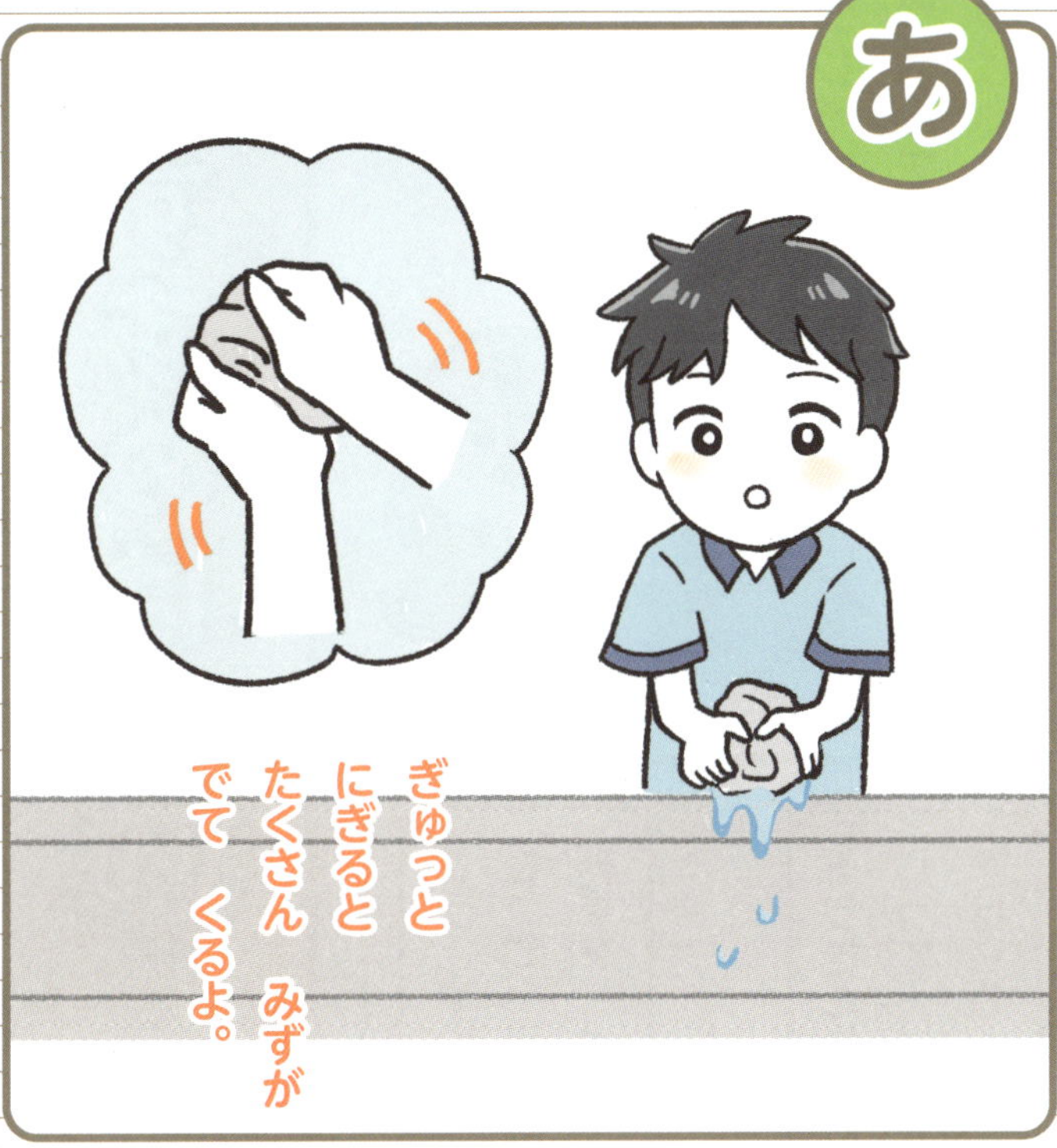
ぎゅっと
にぎると
たくさん　みずが
でて　くるよ。

い

ぞうきんを
たてに　もって、
ひじを
のばす　ように
しぼるんだよね。

おすすめは、い！

そうじでは、ほうきや
ぞうきんを　つかうよ。
ぞうきんの　ただしい
しぼりかたを　れんしゅうして
おくと　いいね。
ほうきの　つかいかたも
おうちの　ひとに　きいて
おこう。

こう　やって　たてに
もって　しぼると、
みずを　よく　しぼれるよ。
ぞうきんの　しぼりかたを
しって　いるんだね。
すばらしい！
すごいね。
おしえて　くれて
ありがとう。

かかりの　しごとは　どっち？

あ
けいさんの　やりかたを
おしえて　あげるね。

い
まいにち　おみずを
かえて、からさない
ように　しよう。

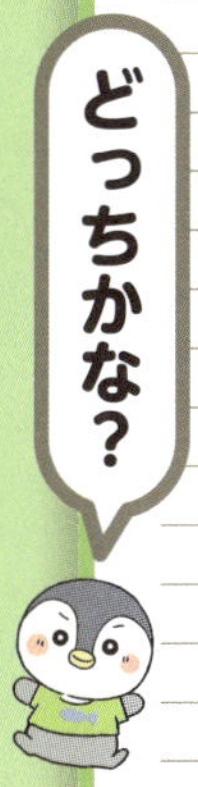
どっちかな？

おすすめは、い！

みずを　かえて　くれて
ありがとう。
しょくぶつが　げんきに
なりますね。

かかりの　しごとは、
クラス《くらす》に　よって　いろいろ
あるよ。
きめられた　しごとを
そっせんして　やり、
みんなが　きもちよく
すごせるように　しよう。
ともだちに　べんきょうを
おしえるのは、かかりの
しごとでは　ないけど、
こまって　いる　ともだちが
いたら、しんせつに　して
あげたいよね。

まとめ

どんな　しごとが　あるかな？

にっちょくは　おてほんに　なる
あいさつを　しよう。

こくごの じゅぎょうを はじめます
おてほん

ぞうきんは　ただしく
しぼろう。

ただしく しぼろう ぴょん

かかりの　しごとは
じぶんから　やろう。

みずを やりに いくぞ！
しょくぶつがかり

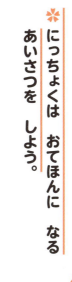

8

だれに　おせわに
なるのかな？

ほけんの　せんせいは　どっち？

あ

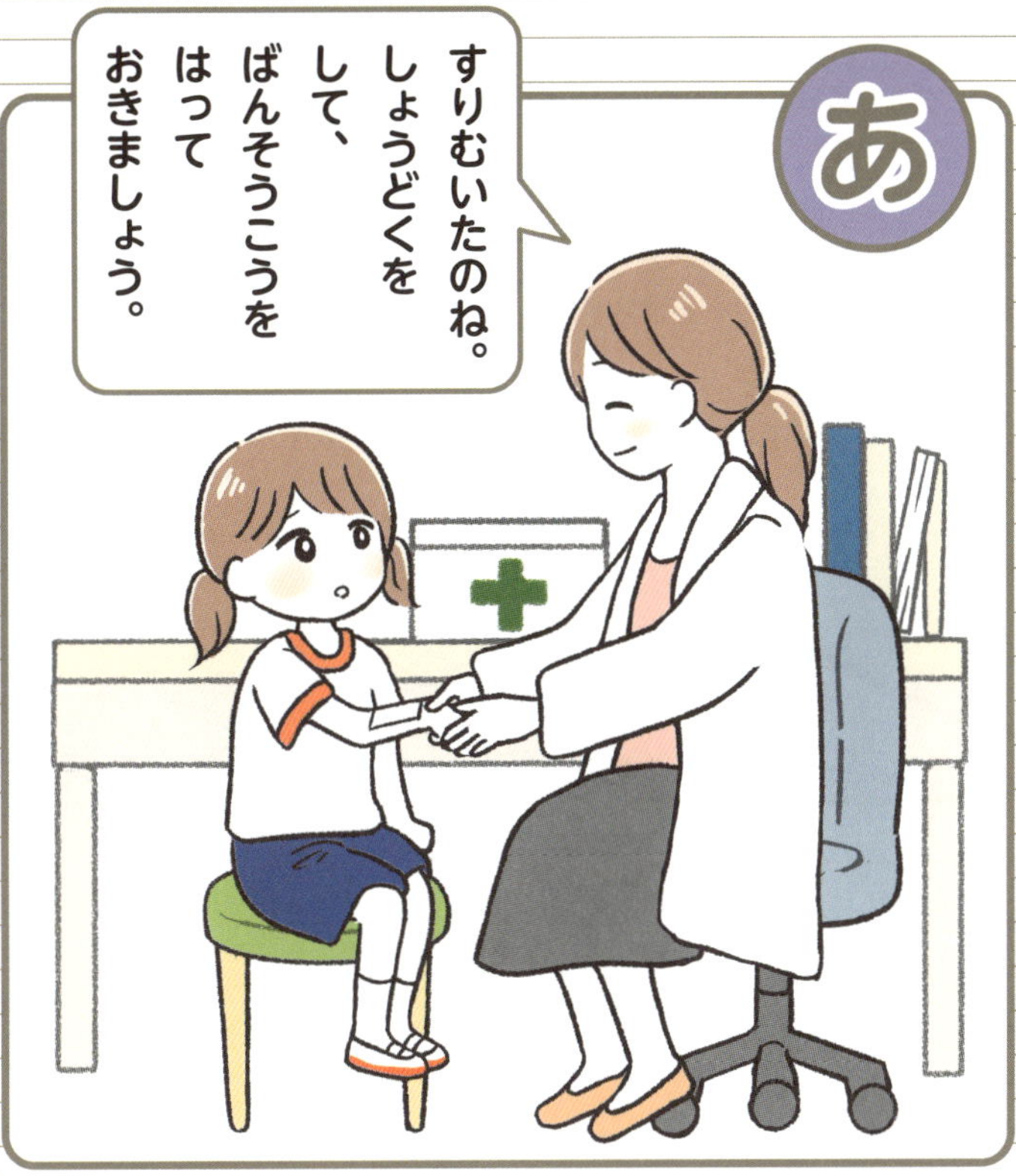
すりむいたのね。
しょうどくを
して、
ばんそうこうを
はって
おきましょう。

い

けがを　しないように
じゅんびうんどうを
して　おこうね。

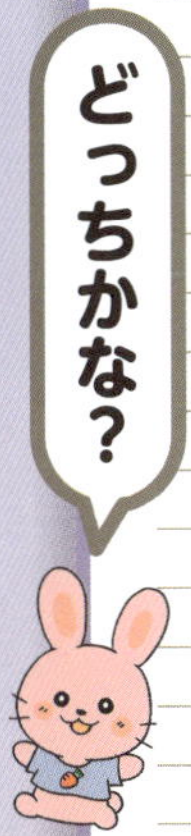
どっちかな？

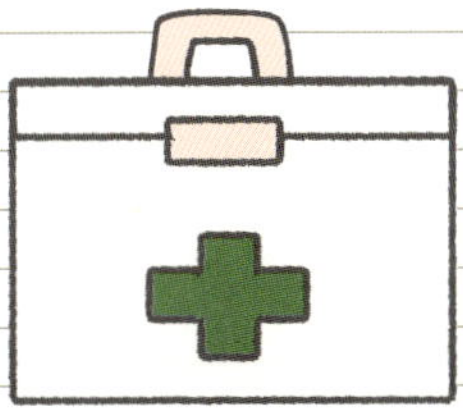

こたえは、あ！

ほけんの　せんせいは、
みんなの　けんこうを
まもって　くれるよ。
けがを　した　ときや
たいちょうの　わるい　ときは、
ほけんしつに　いって　みて
もらうように　しよう。

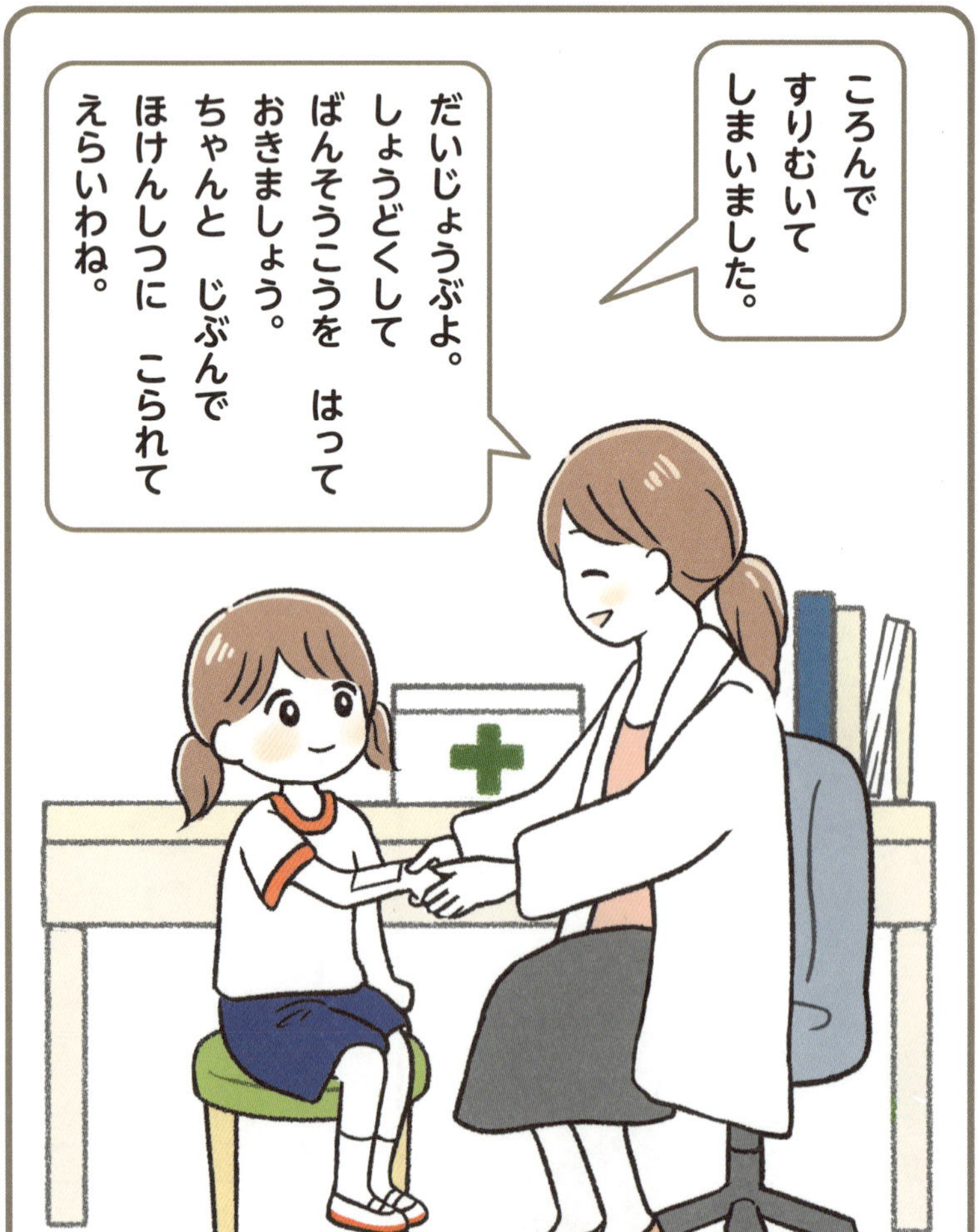
ころんで　すりむいて　しまいました。
だいじょうぶよ。しょうどくして　ばんそうこうを　はって　おきましょう。ちゃんと　じぶんで　ほけんしつに　こられて　えらいわね。

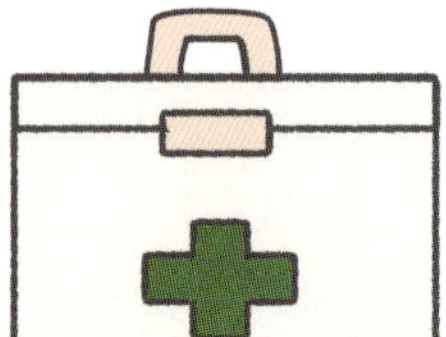

こういんさんは　どっち？

あ

だんボール《ぼおる》を　すてるときは、ガムテープ《がむてえぷ》をはがさないとね。

い

さゆうを　みてからわたりましょう。

どっちかな？

こたえは、あ！

こうむいんさんは、ごみを
しょりしたり、こどもが
そうじできない　ところの
そうじを　したり　して
いるよ。がっこうせいかつを
まもる　ために　とても
たいせつな　ひとだね。
「ありがとう」の　きもちで
せっしよう。

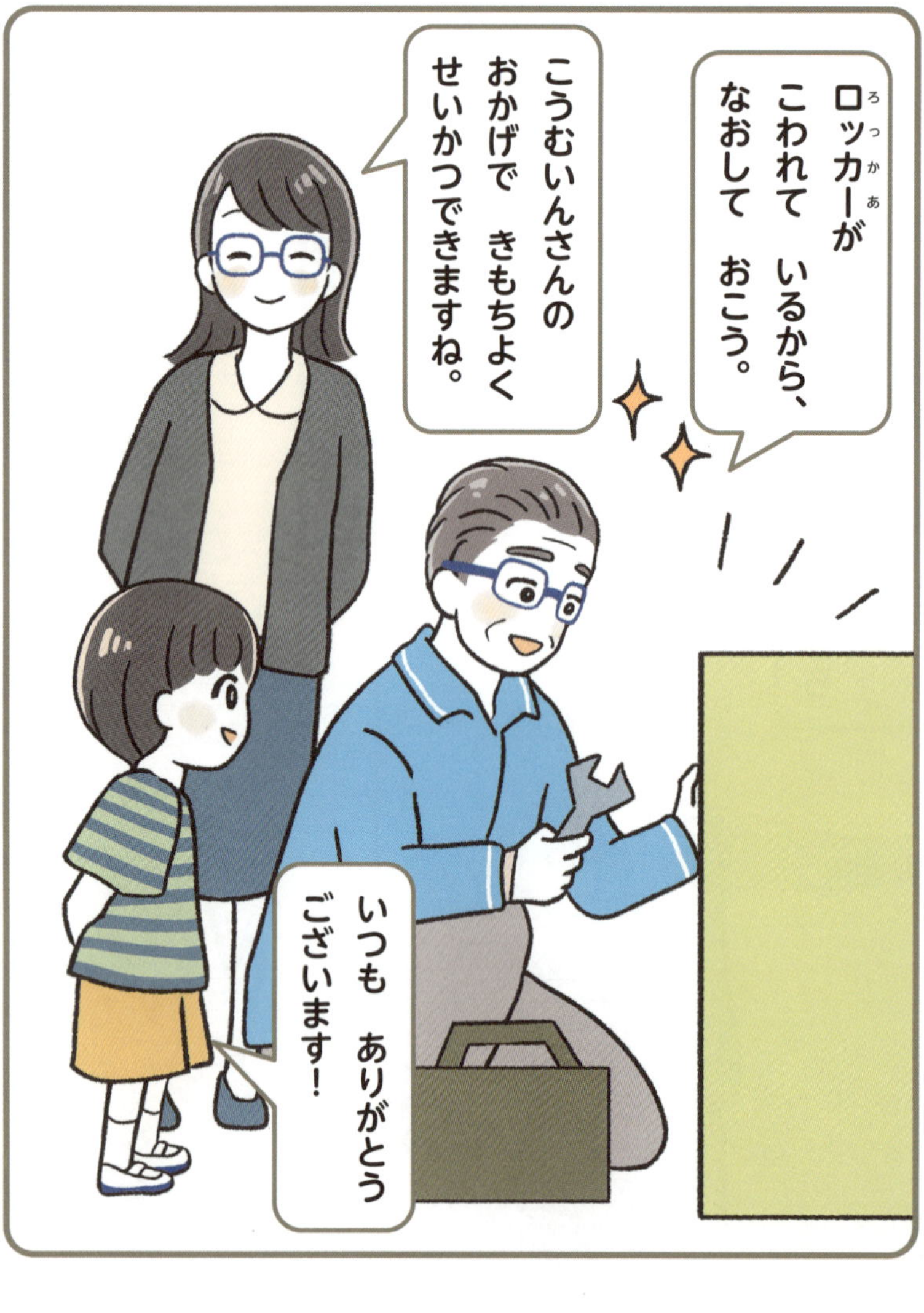
ロッカー《ろっかあ》が　こわれて　いるから、なおして　おこう。
こうむいんさんの　おかげで　きもちよく　せいかつできますね。
いつも　ありがとう　ございます！

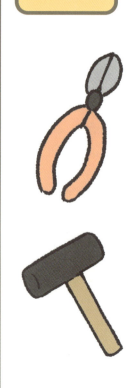

まとめ

だれに　おせわに　なるのかな？

けがを　した　ときは
ほけんの　せんせいに　いおう。

けがを しました！

こうむいんさんは
えんの　したの　ちからもち。

さすが！えんのしたの
ちからもち！

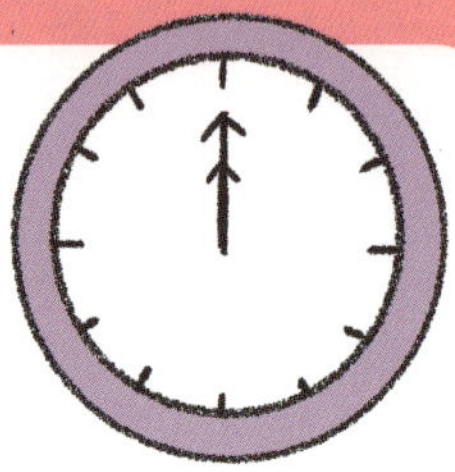

9

きゅうしょくで　たいせつな　ことは？

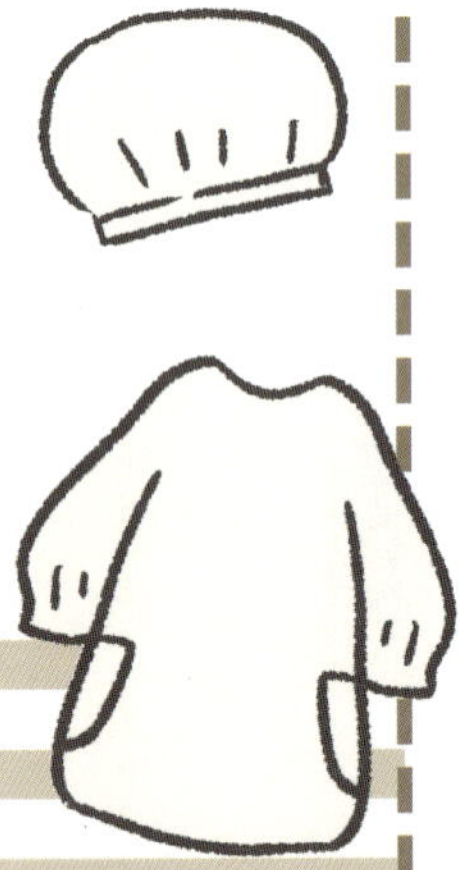

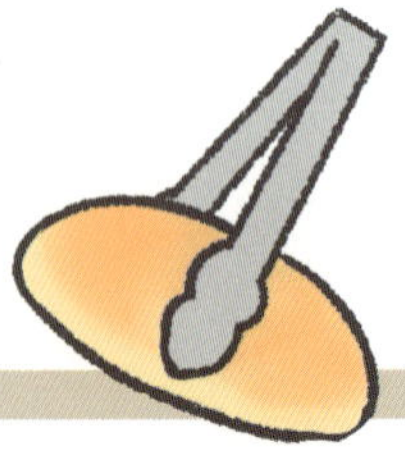

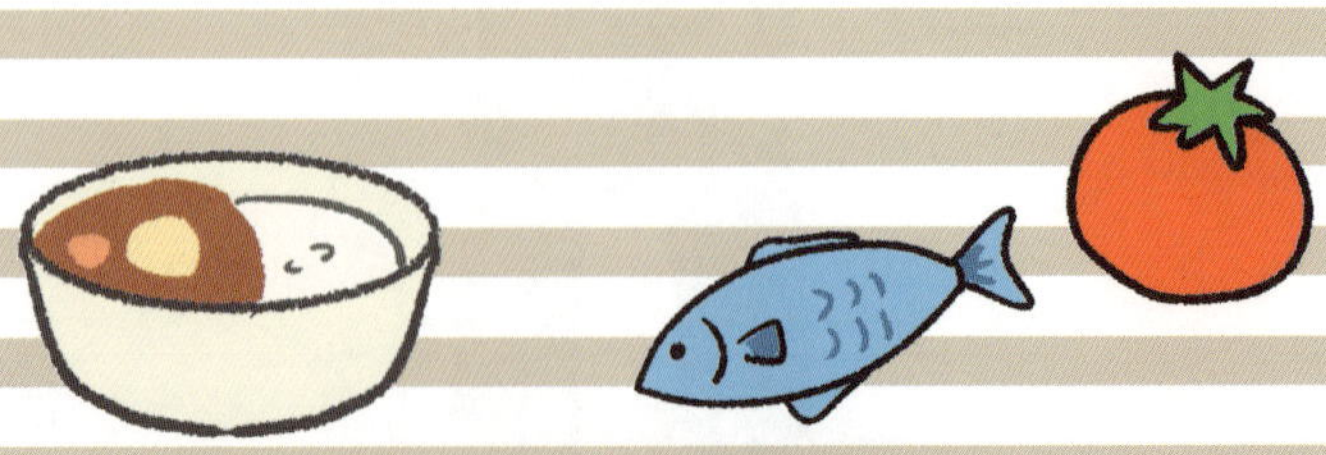

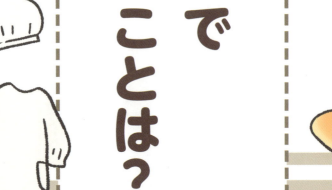

どんな　かっこうで　じゅんびを　する？

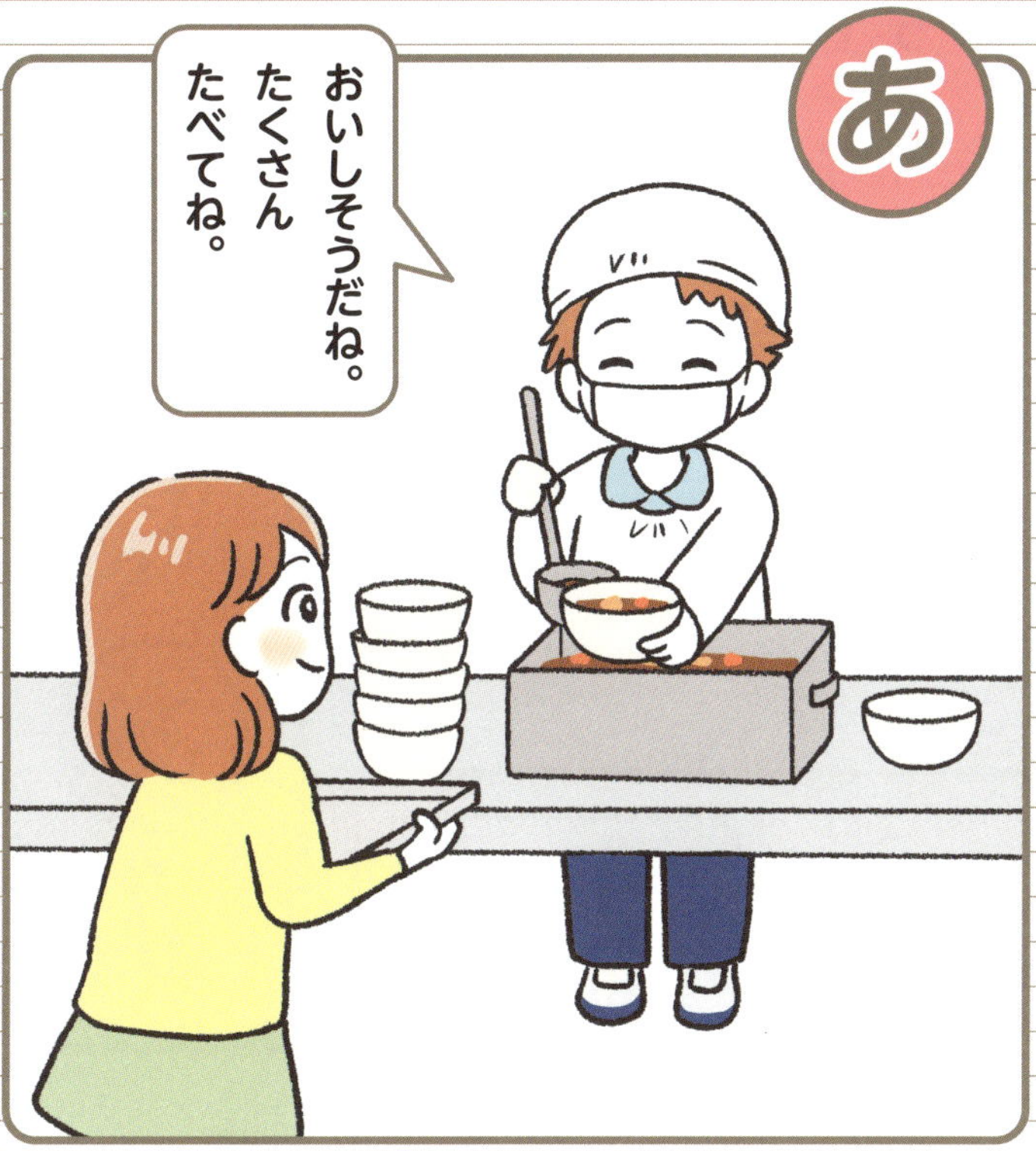
あ
おいしそうだね。
たくさん
たべてね。

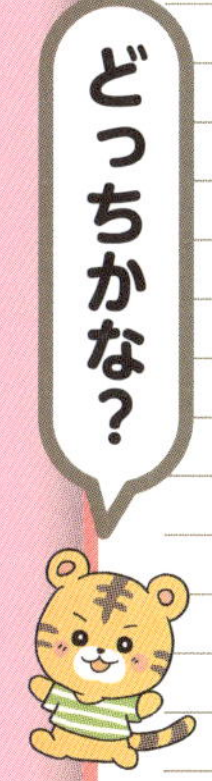
どっちかな？

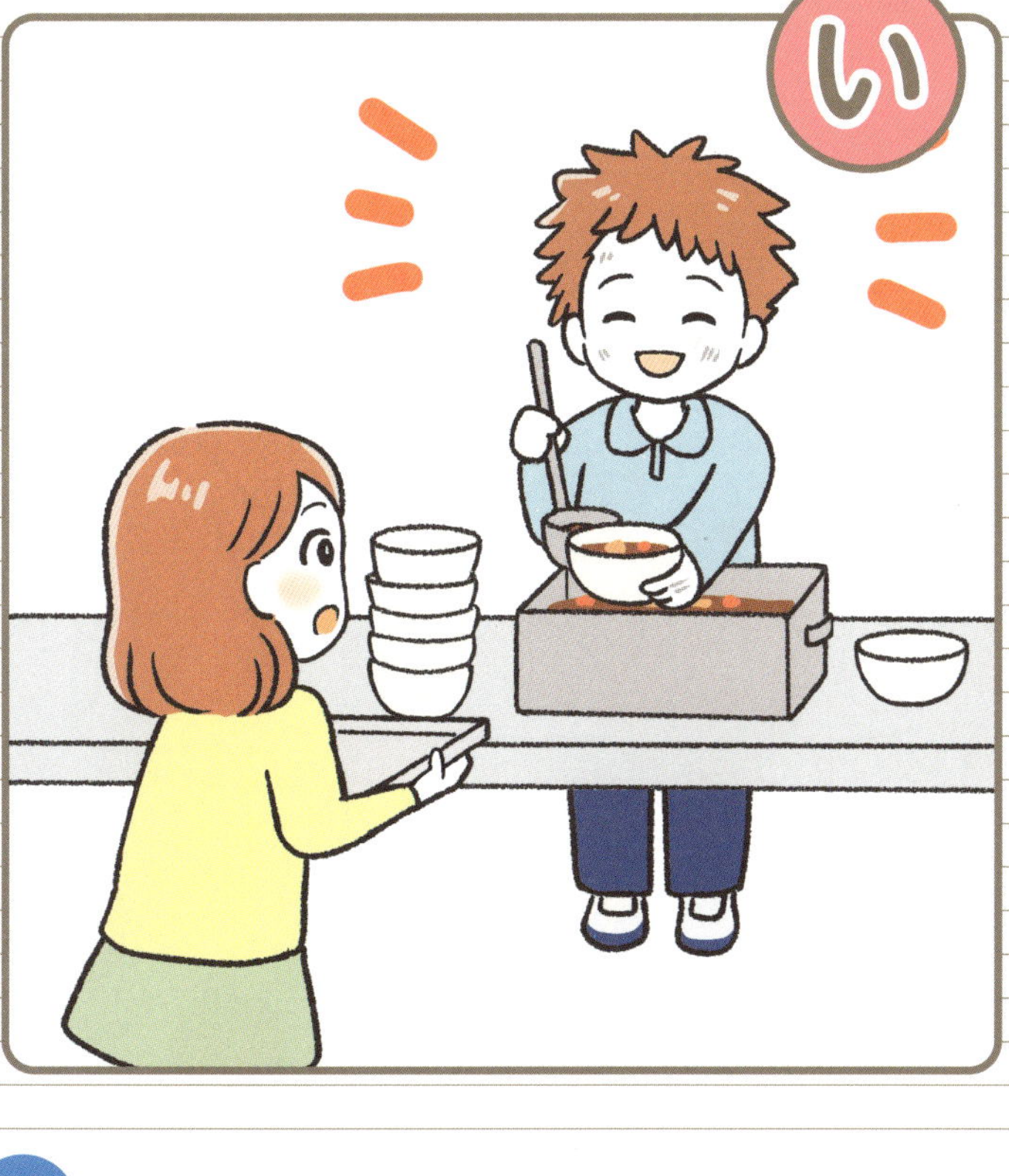
い

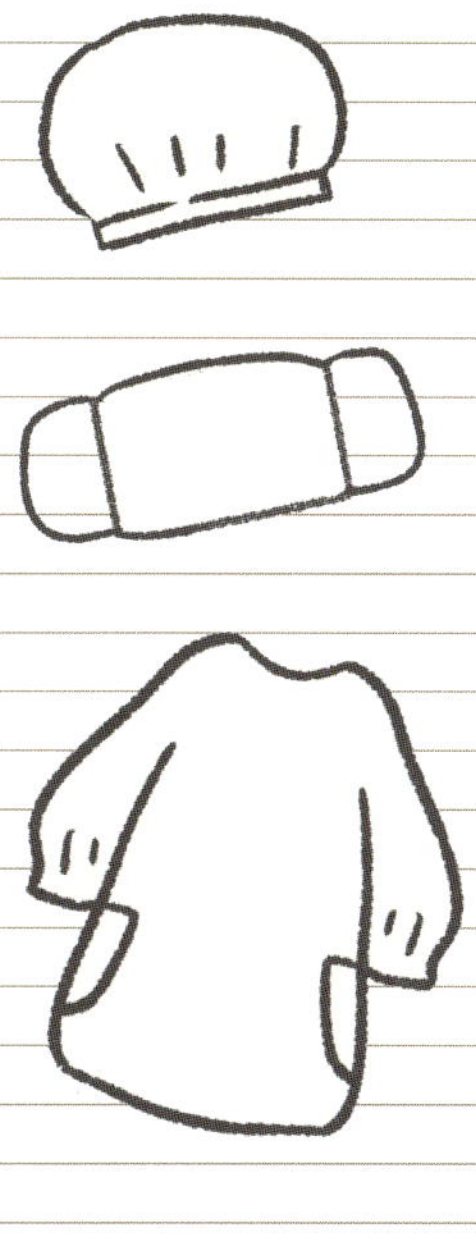

こたえは、あ！

きゅうしょくとうばんに
なったら、てを　あらい、
マスク《ますく》を　して、せいけつに
きを　つけて　しごとを
するよ。たべものを
おとしたり　しないよう、
おちついて　やろう。

てを　あらって　きたよ。
たべものに　つばが
とばないように
マスク《ますく》を　して　います。
おさらに　ていねいに
もりつけるね。
せいけつに　して、
ていねいに　もりつけが
できて　えらいわね！

どう　やって　たべる？

あ

よく　かんで
あじわって　たべるぞ！

い

おかわりしたいから、
くちを　つけて
いそいで　たべよう。

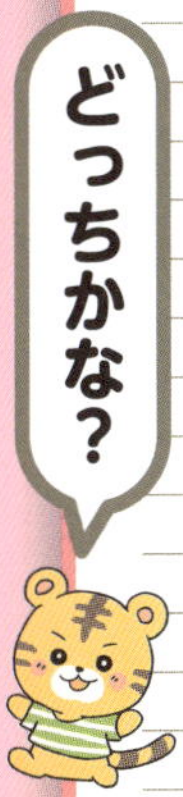
どっちかな？

おすすめは、あ！

きゅうしょくを　いただく
ときは、よく　かんで
あじわって　たべるように
しよう。ひじを　ついて
たべたり、いそいで　くちに
いれて　たべものを　つくえの
うえに　こぼしたり
しないように　しよう。

よく　かんで　たべると、ほんとうに　おいしいなあ。
おわんは　もって　たべるんだよね！
よく　かんで　たべて　えらいわね！

すききらいは　どう　する？

あ
やさいは　きらいだけど、
ちいさく　して　ちょっと
ずつ　たべて　みよう。

い
やさいは　だいっきらい。
あとから　ざんぱんに
しよう。

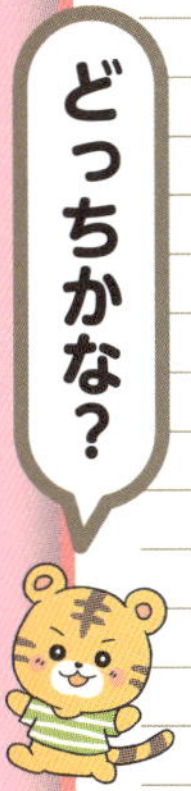
どっちかな？

おすすめは、あ！

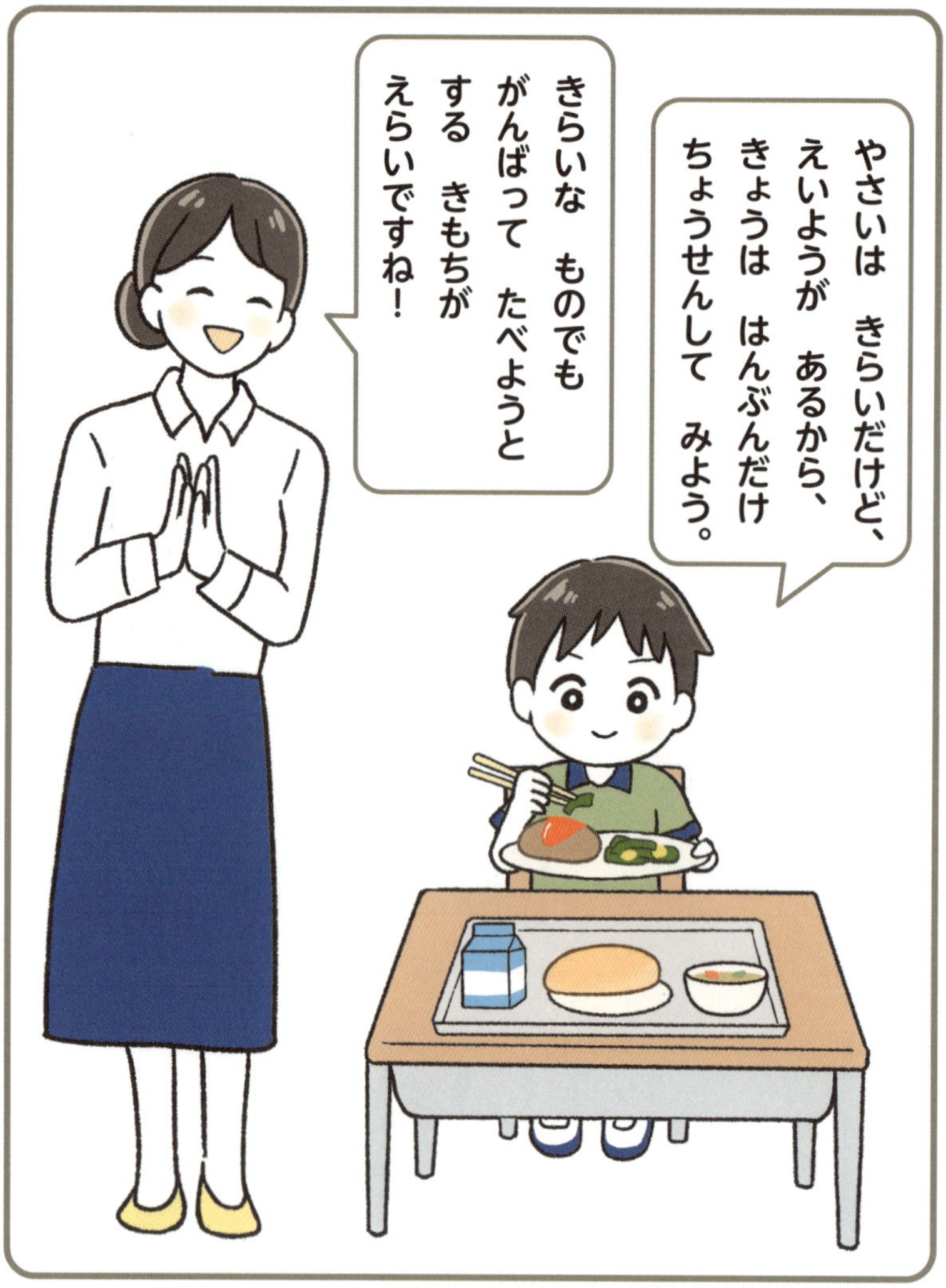
やさいは　きらいだけど、えいようが　あるから、きょうは　はんぶんだけ　ちょうせんして　みよう。
きらいな　ものでも　がんばって　たべようと　する　きもちが　えらいですね！

きゅうしょくは、えいようの
バランス《ばらんす》を　かんがえて
つくられて　いる。
きほんてきには、のこさず
たべるように　しよう。
きらいな　ものは、さいしょから
あきらめないで、
はんぶんだけとか、ちいさく
して　ごはんを　いっしょに
たべるとか、くふうして
ちょうせんして　みよう。

まとめ

きゅうしょくで　たいせつな　ことは？

きゅうしょくとうばんは
せいけつに　して　やろう。

すごい！
ぴかぴかだ！
まぶしい！

ただしい　しせいで　よく　かんで　たべよう。

28
29
30
よくかむと
おいしいぴょん

きらいな　ものも
たべて　みよう。

ぜんぶ たべられた！

10

がっこうからのげこうでたいせつなことは？

がっこうからの　げこうで　たいせつな　ことは？

あいさつは　どっち？

おすすめは、あ！

せんせいなどの
めうえの　ひとには、
ていねいな　ことばで
あいさつを　するよ。

さようなら！
はい、さようなら。きを　つけて　かえってね。

よりみちする？

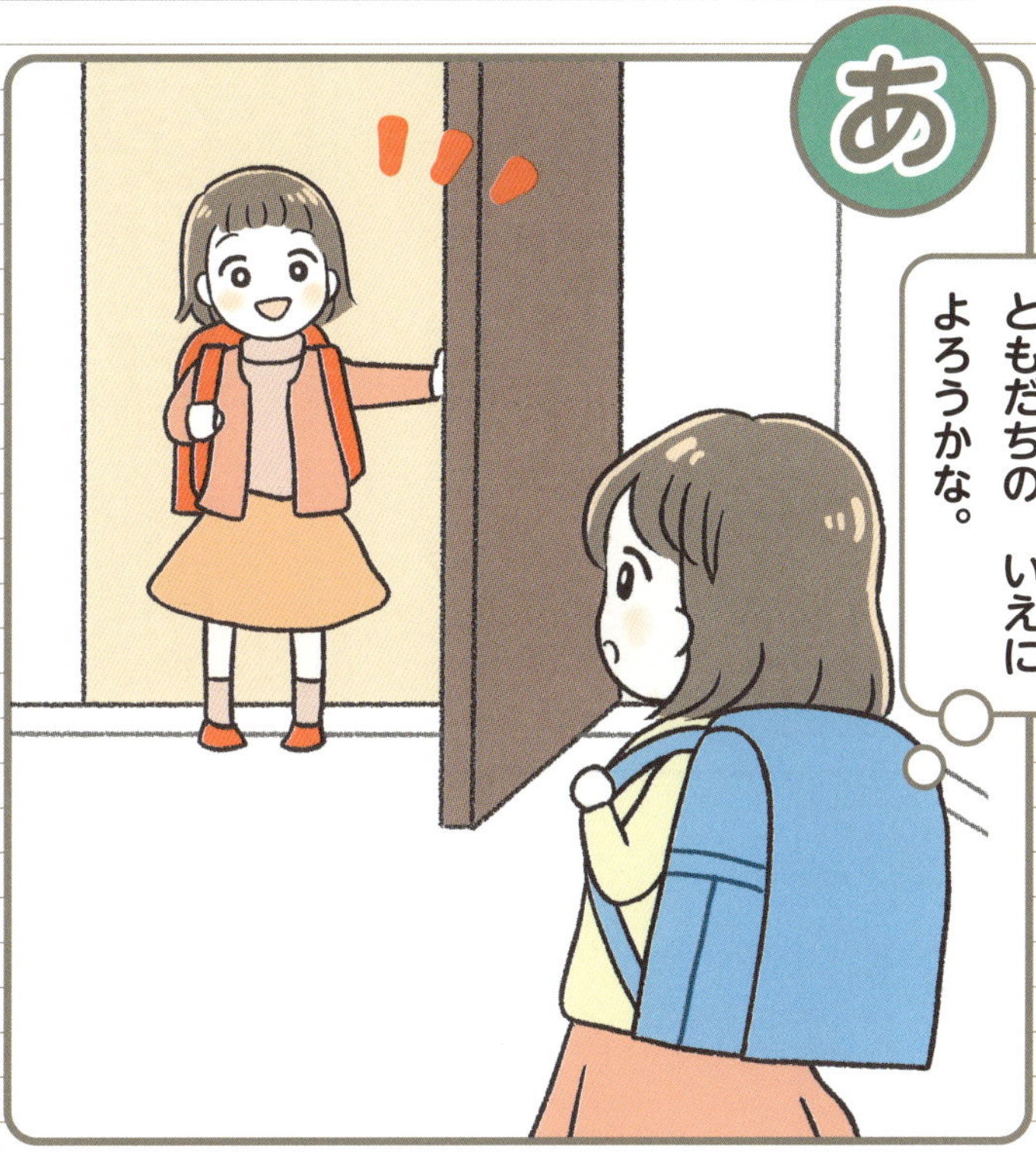
あ
ともだちの　いえに
よろうかな。

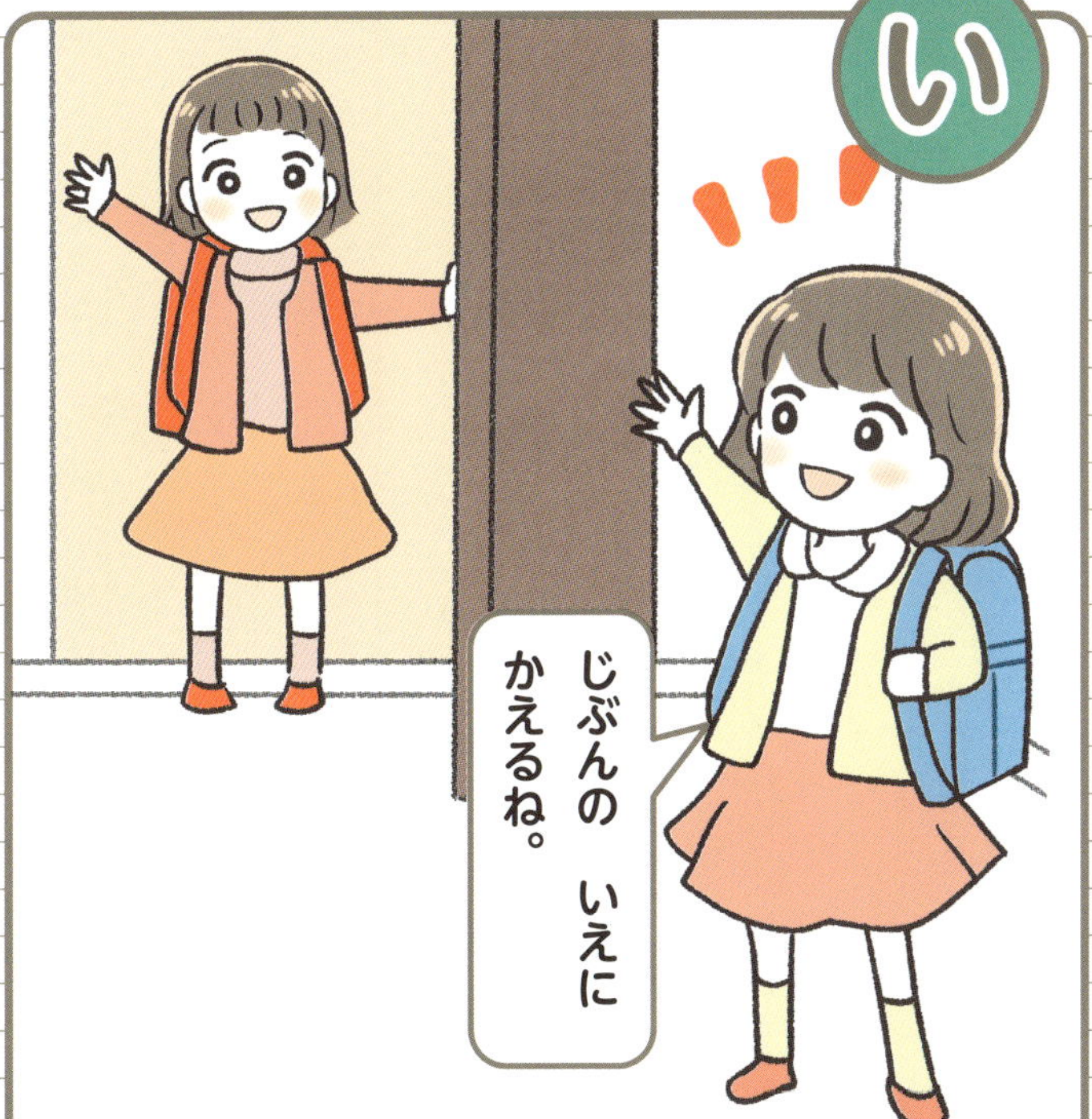
い
じぶんの　いえに
かえるね。

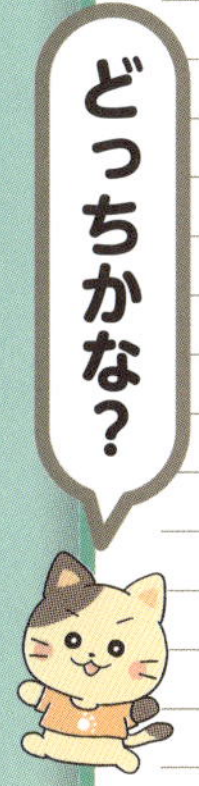
どっちかな？

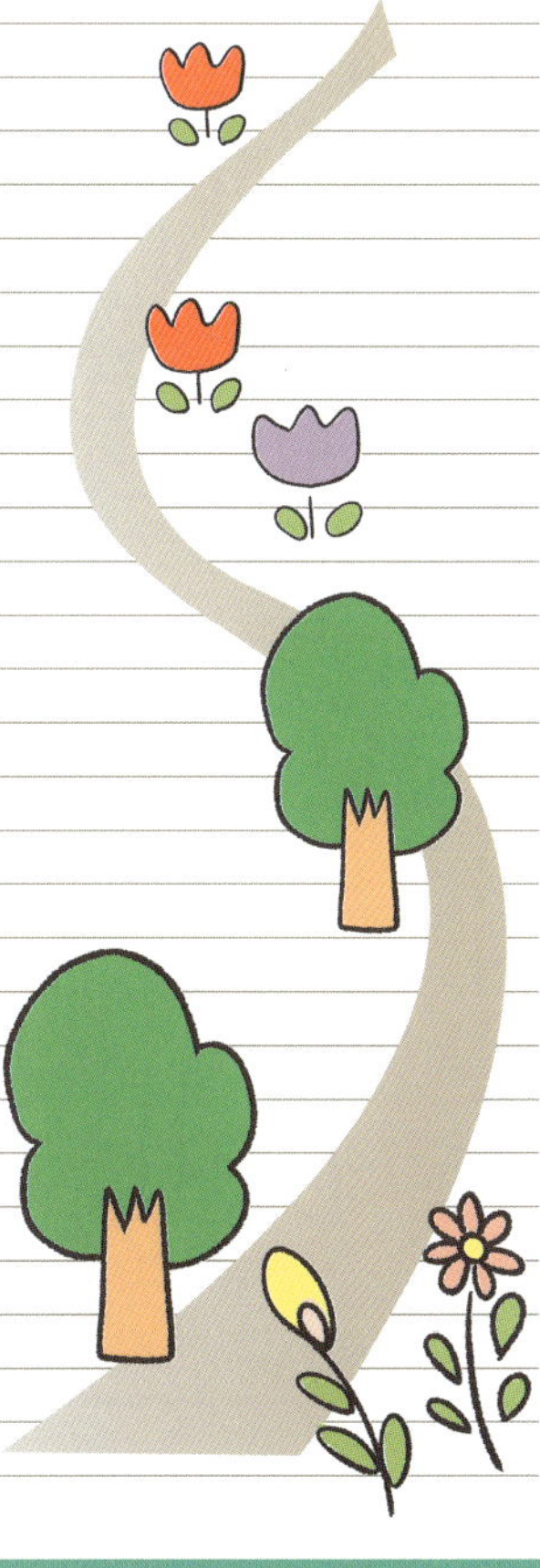

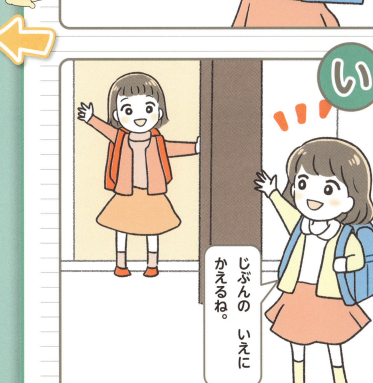

おすすめは、い！

よりみちを　すると、
おうちの　ひとが
しんぱいを　するよ。
げこうでは、じぶんの
いえへ　まっすぐに
かえろうね。

ただいま！
よりみちを　しないで　かえって　きたね。

まとめ

がっこうからの げこうで たいせつな ことは？

かえりの あいさつは 「さようなら」。

さようなら
さようならぴょん

よりみちは しないで、まっすぐ いえへ かえろう。

おもちゃ
POTATO
よりみちしないぞ！

11

がっこうから
かえって、いえで
する　ことは？

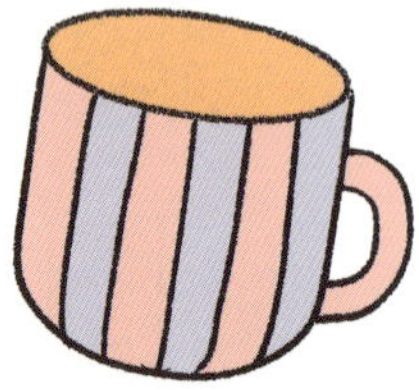

がっこうから　かえって、いえで　する　ことは？

べんきょう（しゅくだい）は、いつ　やる？

あ
さっさと　べんきょうを
すませよう。

どっちかな？

い
よる、
ねる　まえに
やろう。

おすすめは、あ！

べんきょうは、
がっこうから
かえったら、さっさと
やろう。あとまわしに
すると、めんどうに
なって　くるよ。

べんきょうは
おわったよ。
えらいね。
じぶんが　すきな
ことを　やって　いて
いいよ。

こくご
さんすう
123

つぎの　ひの　じゅんびは、いつ　やる?

どっちかな?

あ

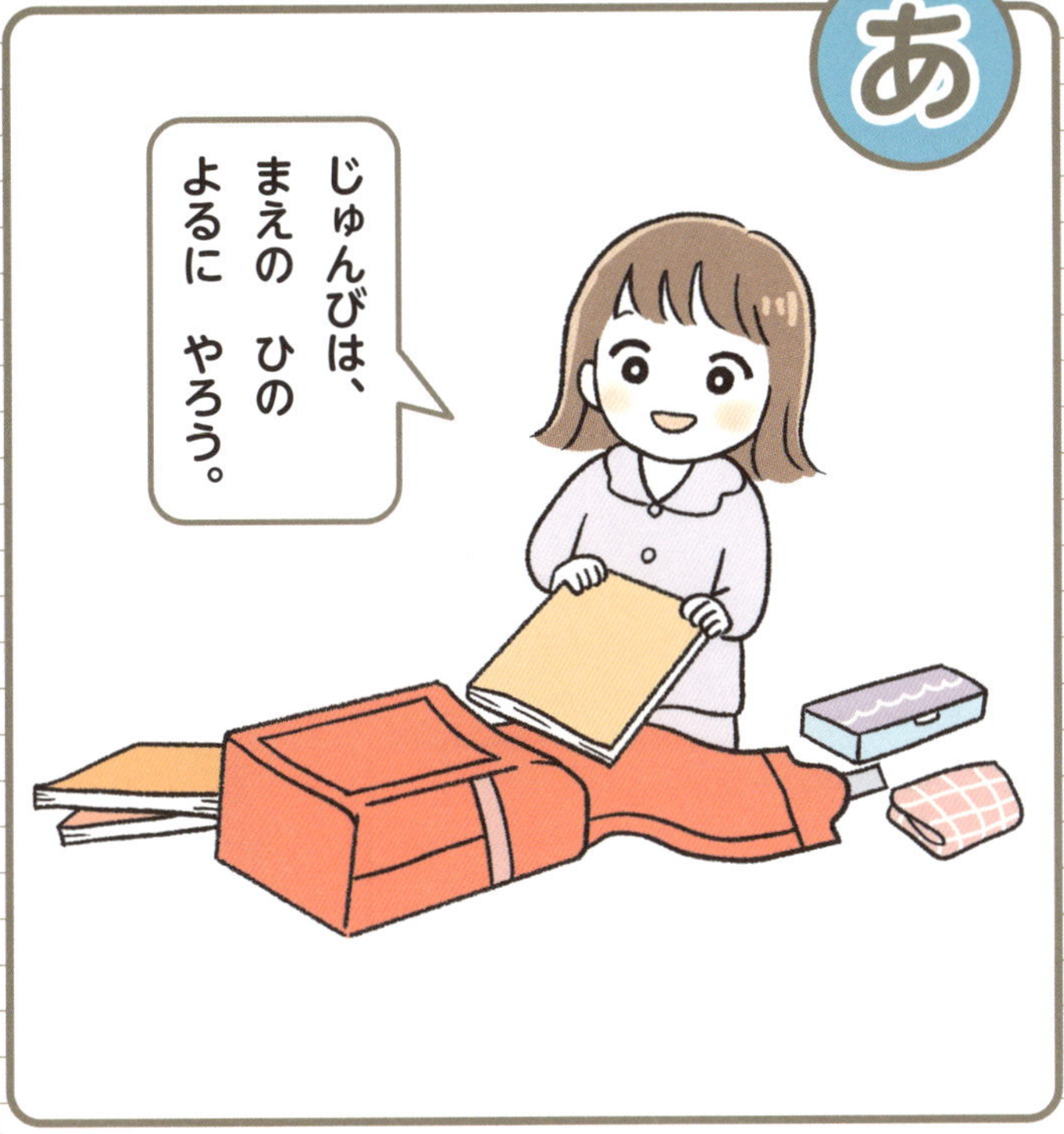
じゅんびは、まえの　ひの　よるに　やろう。

い

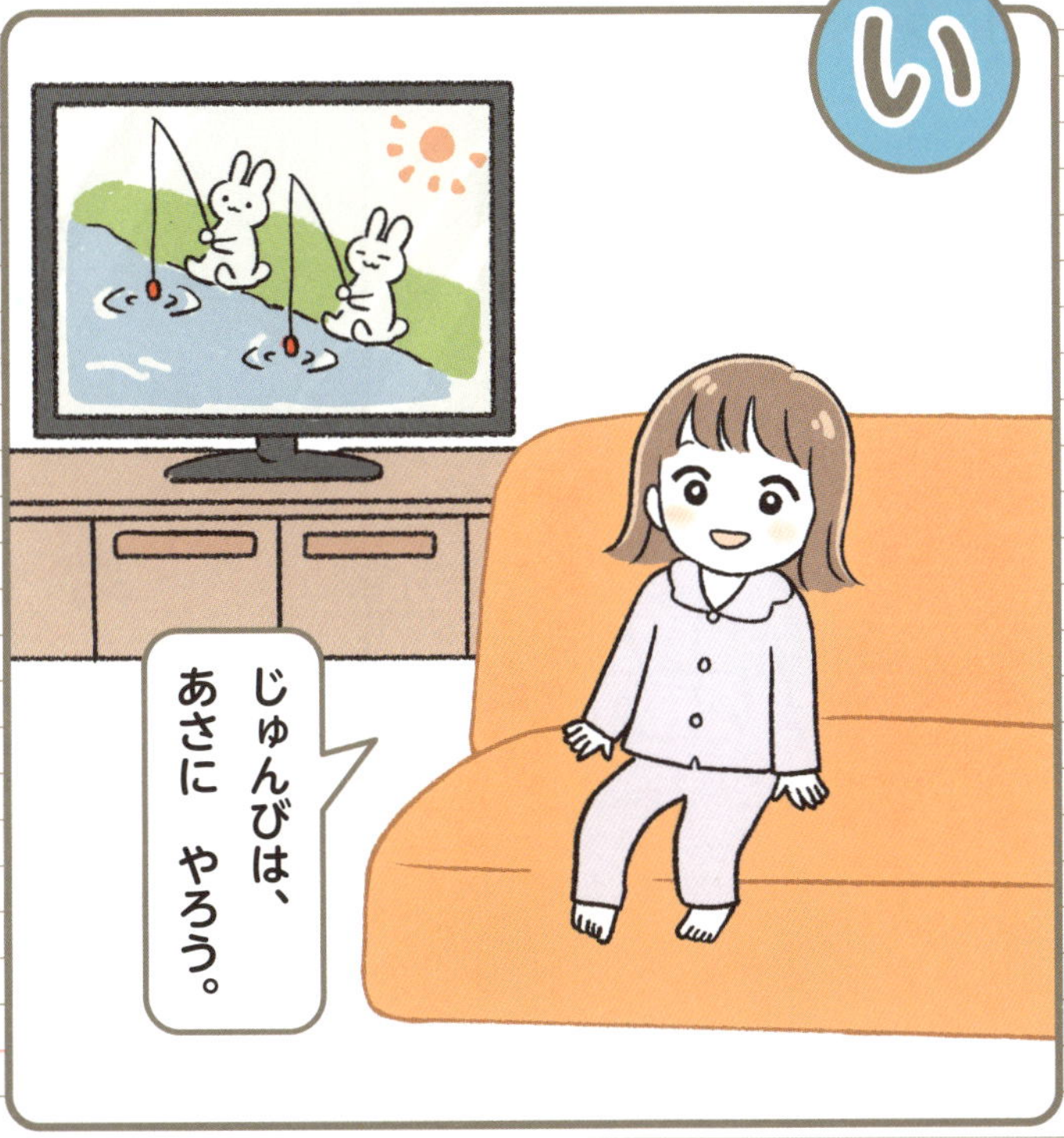
じゅんびは、あさに　やろう。

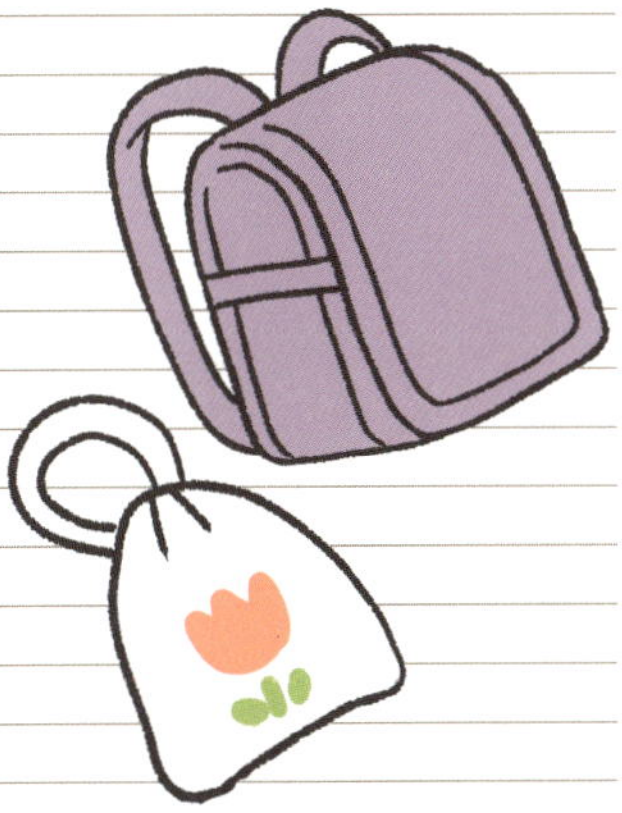

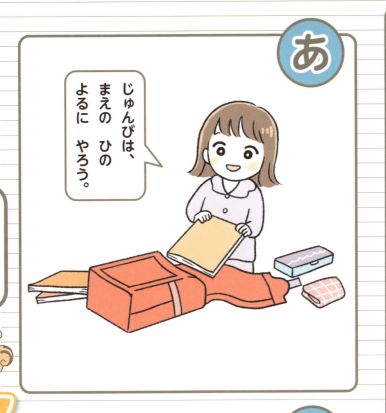

おすすめは、あ！

つぎの　ひの
じゅんびは、まえの
ひの　うちに
すませようね。
あせらないで　かくじつに
じゅんびが　できるよ。

じゅんびが
おわったよ。
つぎの　ひの
じゅんびを
やって　いるね。

まとめ

がっこうから かえって、いえで する ことは？

しゅくだいは さっさと やろう。

あそぼーよー！
あそぼーよー！
まずは
しゅくだいをやるぞ！

じゅんびは まえの ひに すませて おこう。

1 こくご
2 おんがく
3 せいかつ
4 たいいく
5 さんすう
6
NOTE
わすれものは
しないぞ

盛山　隆雄（せいやま　たかお）

筑波大学附属小学校教諭。

筑波大学非常勤講師。玉川大学非常勤講師。

鳥取県出身。学習院初等科を経て、現職。

著書に『思考と表現を深める算数の発問』（東洋館出版社）、『100 玉そろばん「かずのれんしゅうちょう」』（教育同人社）、『盛山流算数授業のつくり方 8のモデルと 24 の事例』（光文書院）、『「数学的な考え方」を育てる授業』（東洋館出版社）、『クラスづくりで大切にしたいこと』（東洋館出版社）、共著『子どものために教師ができること』（東洋館出版社）ほか多数。

全国算数授業研究会会長、[JEES] 特定非営利活動法人 全国初等教育研究会理事、教育出版「小学校算数教科書」編集委員、東洋館出版社「算数授業研究」編集委員、日本数学教育学会編集部常任幹事などを務める。

X：@seiyama1218

桂　聖（かつら　さとし）

共愛学園前橋国際大学准教授。

元筑波大学附属小学校教諭。

山口県出身。山口県公立小、山口大学教育学部附属山口小、広島大学附属小、東京学芸大学附属小金井小、筑波大学附属小教諭を経て、現職。

著書に『国語授業のユニバーサルデザイン』（東洋館出版社）、『フリートークで読みを深める文学の授業』（学事出版）、『なぞらずにうまくなる　子どものひらがな練習帳』『なぞらずにうまくなる　子どものカタカナ練習帳』『なぞらずにうまくなる　ダジャレ漢字練習帳　小学１年生』『なぞらずにうまくなる　ダジャレ漢字練習帳　小学２年生』（以上、実務教育出版）ほか多数。

元筑波大学非常勤講師、一般社団法人日本授業 UD 学会理事長、光村図書「小学校国語教科書」編集委員、小学館『例解学習国語辞典』編集委員などを務める。X（@satoshi1173ka）で国語の学び方なども発信中。

ウェブサイト：https://katsurakokugo.net

はじめてのがっこうせいかつ
クイズきょうかしょ

2024 年 12 月 31 日　初版第 1 刷発行

著　者　盛山　隆雄・桂　聖
発行者　淺井　亨
発行所　株式会社 実務教育出版
〒 163-8671　東京都新宿区新宿 1-1-12
電話　03-3355-1812（編集）　03-3355-1951（販売）
振替　00160-0-78270

印刷・製本／中央精版印刷株式会社

© Takao Seiyama & Satoshi Katsura 2024
ISBN978-4-7889-0946-5　C6037　Printed in Japan
本書の無断転載・無断複製（コピー）を禁じます。
乱丁・落丁本は小社にておとりかえいたします。

「はじめてのきょうかしょ」シリーズ

全3冊 好評発売中！

入学前後から夏休みまで使える！

はじめてのこくご
たんけんきょうかしょ

はじめてのがっこうせいかつ
クイズきょうかしょ

はじめてのさんすう
ぼうけんきょうかしょ

実務教育出版の本

ひらがなが読めなかった子が、遊び感覚で楽しみながら、
ひらがなを読めるようになる！

はじめてのこくご
たんけんきょうかしょ

共愛学園前橋国際大学准教授
元筑波大学附属小学校教諭
桂　聖

かくれんぼクイズ

なにが隠れているか、
話してみよう！

かくれんぼクイズ

にゅうがくの　じゅんび。
なにが　かくれて　いるかな？

①
②
③

9

ステップ1

ひらがなを
読んでみよう！

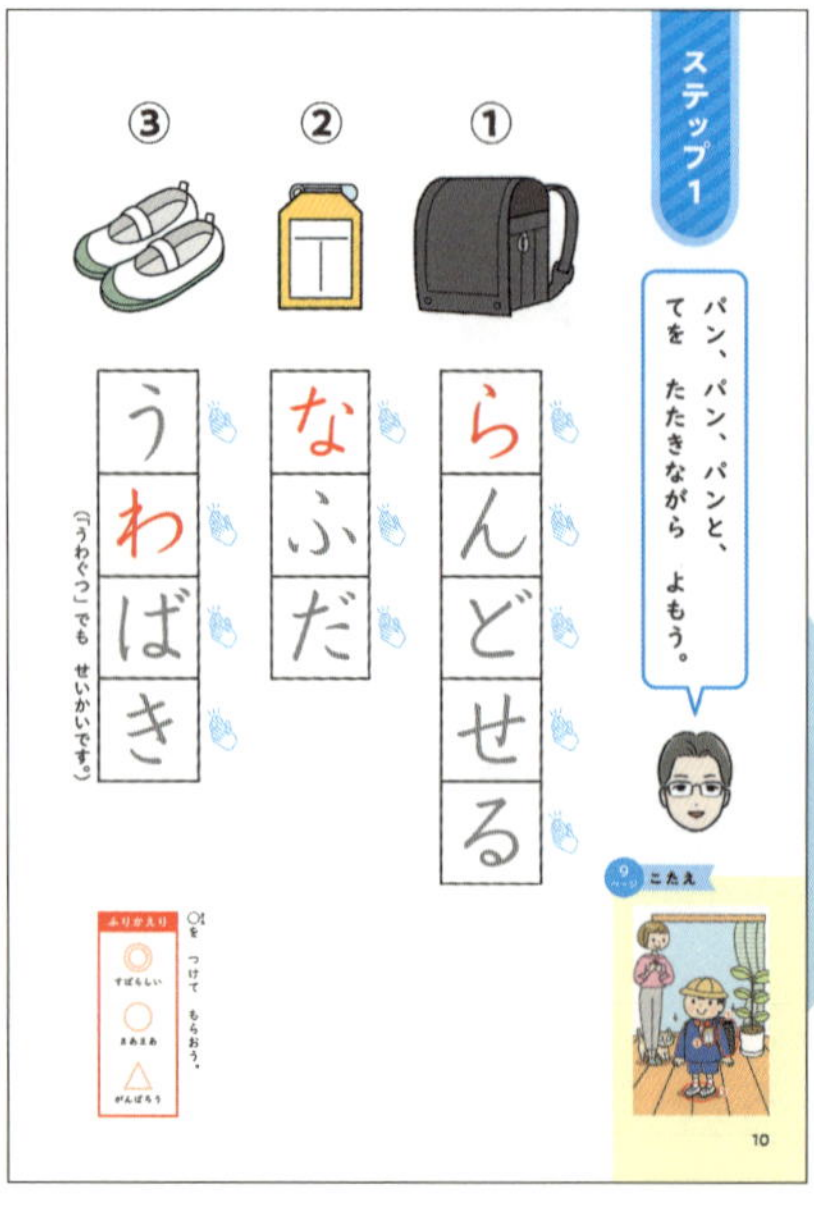
ステップ1

パン、パン、パンと、
てを　たたきながら　よもう。

① らんどせる
② なふだ
③ うわばき
（「うわぐつ」でも　せいかいです。）

9ページ こたえ

○を　つけて　もらおう。

10

ステップ2

ひらがなを　よんで
せんで　つなごう。

① なふだ

② らんどせる

③ うわばき

あいうえおひょう

わ	ら	や	ま	は	な	た	さ	か	あ
	り		み	ひ	に	ち	し	き	い
を	る	ゆ	む	ふ	ぬ	つ	す	く	う
	れ		め	へ	ね	て	せ	け	え
ん	ろ	よ	も	ほ	の	と	そ	こ	お

ふりかえり
◎ すばらしい
○ まあまあ
△ がんばろう

○を　つけて　もらおう。

11

ステップ2

絵とひらがなを
結んでみよう！

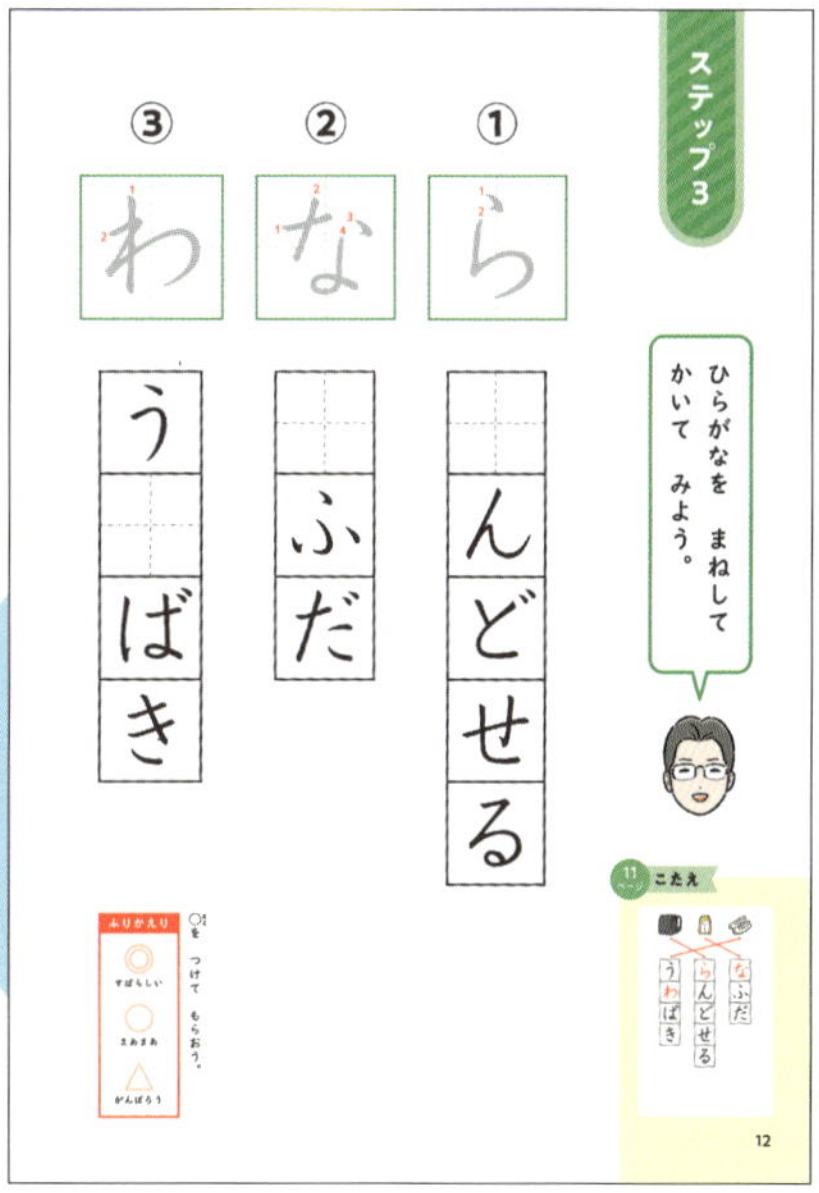
ステップ3

ひらがなを　まねして
かいて　みよう。

① ら
んどせる

② な
ふだ

③ わ
うばき

11 こたえ

ふりかえり
◎ すばらしい
○ まあまあ
△ がんばろう

○を　つけて　もらおう。

12

ステップ3

1文字だけ
書いてみよう！

びっくり　あいうえお、ひらがな　かくれんぼ

ひらがなで遊ぼう！

ひらがな
かくれんぼ1

あ、うちゅうの　ことばが　かくれて　いるよ！

23

あひるの
あんぱん
あいうえお

たのしく
よめたかな？

22

たのしく　よもう！
びっくり
あいうえお

これは　なに？
あたらしい
あんぱん？

21

算数の土台となる、数を数えることを楽しく学習しよう！

筑波大学附属小学校教諭
盛山　隆雄
はじめての
5・6・7歳向け
さんすう
ぼうけんきょうかしょ
「かぞえる」で得意になる！
東洋館出版社

はじめてのさんすう ぼうけんきょうかしょ

筑波大学附属小学校教諭
盛山　隆雄

123

10までの数を数えながら、ジャングルを冒険だ！

「さんすう」って　どんな　だろう？
さあ、「さんすう」の　せかいを　ぼうけんしよう！
かず、かたち、たしたり、ひいたり、……
わくわく、どきどきが　まって　いるよ！
さんすうの　せかい
06
07

海の世界を冒険しながら、30までの数を数えよう！

うみの　「さんすう」　ぼうけんへ
つぎは、うみの　せかいの　ぼうけんだ。
どんな　うみの　「さんすう」が　まって
いるのかな。
8にちめ
くらげと　かめが　10ぴきずつ　およいで　いるぞ。
そこへ、たこが　すみを　ふいた。
すみで　みえなく　なった　ところに　なんびきずつ
いるのかな。
こたえ
40
41

ロケットで
宇宙に出発だ！
いろいろな
かたちがあるぞ！

うちゅうの 「さんすう」 ぼうけんへ
しまに とうちゃく。ろけっとが あるぞ！
ろけっとを かんせいさせて、
うちゅうぼうけんに でかけよう。
こんどは、どんな わくわくが まって いるかな。
① ② ③ ④
① ② ③ ④
ぴったり あてはまる まどは どれかな？
みぎの つばさと かたちも おおきさも おなじ
つばさは どれかな？
こたえ
10ぴき
62
63

地球に
帰ってきたぞ！

ちきゅうに かえって きたぞ！
すぐに りようできる みずは
1ぱいの 100ぶんの1の みず
100ぱいのうち 97はいが うみの みず
ちきゅうの みずの りょうを
こっぷ100ぱいと すると。
ちきゅうは、みずの わくせいと よばれ、みずが
たくさん あるので あおく うつくしい。ところが
ちきゅうの みずを 100ぱいの みずに たとえると、
97はいが うみの みず。のみみずに できる
たんすいは 1ぱいの みずの
100ぶんの1しか ないんだ。
それを ちきゅうの みんなで
わけて いるんだよ。
こたえ
82
83

夜の学校を冒険だ！
どんなところかな？

よるの がっこうの 「さんすう」ぼうけんへ
もうすぐ しょうがっこう にゅうがくだね。
よし、それでは がっこうって
どんな ところか よるの がっこうを
ぼうけんして みよう！
84
85

子どもが自分から勉強し始める本！

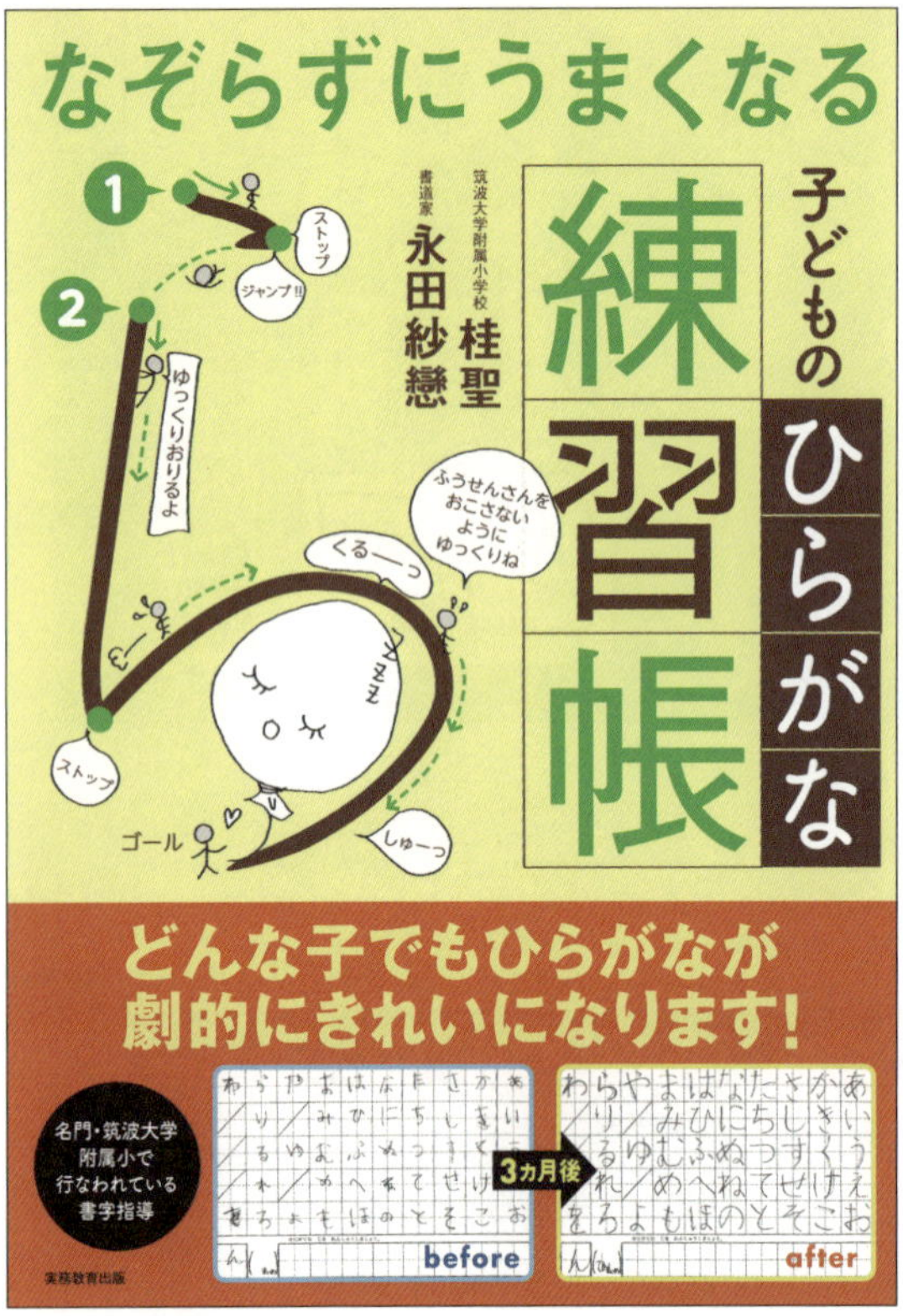

なぞらずにうまくなる
子どものひらがな練習帳

桂 聖・永田紗戀【著】

ISBN978-4-7889-1052-2

多くの子どもたちが、ひらがなをきれいに書く方法を教えられていません。

原因の一つは、ひらがな指導の時間が短いこと。もう一つは、先生自身が、ひらがなをきれいに書くポイントを知らないこと。

実は、短期間でも、ポイントを押さえて教えることで、すべての子が、ひらがなをきれいに書けるようになります。その具体的な方法を本書で！

カタカナ、漢字にはこれ！

なぞらずにうまくなる
子どものカタカナ練習帳

なぞらずにうまくなる
ダジャレ　漢字練習帳
小学１年生

なぞらずにうまくなる
ダジャレ　漢字練習帳
小学２年生

実務教育出版の本